新杜邦分析法与价值投资

曹伟东 著

首创三率（市净率、市盈率、无风险利率）平方根估值指标，
从数学角度严谨甩脱ROE横向、纵向波动干扰，
从内在价值、折溢价率角度详细分析价值投资策略。

活用杜邦分析思路，"经济实用可习得"地宣介价值投资理念和策略，
全新讨论基准曲线、仓位控制、股票组合、产品评价、工具选用和大类配置等价值投资基础课题，
前瞻探索期权定价模型的改进。

经济管理出版社
ECONOMY & MANAGEMENT PUBLISHING HOUSE

图书在版编目（CIP）数据

新杜邦分析法与价值投资 / 曹伟东著. -- 北京：
经济管理出版社，2024. -- ISBN 978-7-5243-0141-7

I. F231.2；F830.59

中国国家版本馆 CIP 数据核字第 2025KV2005 号

组稿编辑：杨国强
责任编辑：白　毅
责任印制：张莉琼
责任校对：蔡晓臻

出版发行：经济管理出版社
　　　　　（北京市海淀区北蜂窝 8 号中雅大厦 A 座 11 层　100038）
网　　址：www.E-mp.com.cn
电　　话：（010）51915602
印　　刷：唐山昊达印刷有限公司
经　　销：新华书店
开　　本：710 mm×1000 mm/16
印　　张：9.25
字　　数：158 千字
版　　次：2025 年 3 月第 1 版　2025 年 3 月第 1 次印刷
书　　号：ISBN 978-7-5243-0141-7
定　　价：48.00 元

假使我们是一个充满智慧的"上知"或者"圣人"，那么我们必然可以轻易地洞见二级市场起伏背后的奥秘，并在必要时利用二级市场轻松完成财富和资源的积累，以便更好地达成更为宏伟的目的——自然不会对二级市场有任何的困惑与恐惧。

而倘若我们是一个没有任何知识和技能可以依赖的"下愚"或者"最下"，那恐怕只能忧心于应对今夕明朝的衣食生计，根本也不会有机会思考二级市场的内在究竟，甚至根本不会知道还有二级市场的存在——而对于二级市场的困惑与恐惧也就无从谈起。

作为改革开放以后成长起来的一代人，我们中的绝大多数既不属于前者也不属于后者。我们有幸生活在当下，就不得不承担起比前人更多的烦恼与挑战，二级市场仅仅是其中之一罢了。这不是一个你想回避就能回避的问题，就好比当下如果不会用智能手机就被社会抛弃一样。活在当下，我们只能勇敢地面对这一现代化的挑战，而不能采取鸵鸟心态。

二级市场的存在，不仅涉及对社会运行逻辑的底层冲击，也隐性地决定着长期的资金回报水平。在没有二级市场这一选项的时代，存款利率是社会公认的资金成本，也基本上可以抵御通胀；而在二级市场规模越来越大的今天，二级市场的投资收益水平越来越成为更多人的价格中枢，也越来越取代存款成为抵御通胀的主要依仗。

由于教育背景的缘故，笔者的大学同学基本上从事着医学类或者法律类的专业工作，在他们所擅长的领域内发挥着中流砥柱的作用，让笔者深感与有荣焉的同时，更令半途而废、浅尝辄止的笔者艳羡不已。但在偶尔的私下交流中，发现他们往往受困于对二级市场的困惑与恐惧。

有鉴于此，笔者清晰地表述一下自己的观点：

对于绝大多数的人而言，用在二级市场上的时间和精力越多，越是一个边际效益欠佳的人生抉择。花精力于做好自己的专业乃至照顾好自己的家人或者身体，远比耗费大量精力参与二级市场更划算。这是真正的长期主义。用经济学的话说，在二级市场的精力上的投入，必须考虑性价比和边际成本。

但二级市场是如此的变幻莫测：无论是坚持价值投资拿住白马股，还是擦亮慧眼寻找百倍牛股，抑或不辞辛劳地追涨杀跌，又或者剑走偏锋买卖期权、可转债，乃至于信任专业人士投资基金，似乎除了存款及国债外，很难有一个使命必达的投资渠道，也因此始终在二级市场之中沉浮不定。

那么，问题的症结究竟在哪里？

我们中的绝大多数身处于现代社会、亲历着二级市场，仍然缺少一个理性的可验证的架构对资本市场进行理解和认知。这直接导致了我们对于二级市场的认识、分析、参与，都建立在非理性的基础上；直接导致了我们过往的经验不能为未来的投资提供有逻辑基础的支撑和指引；直接导致了我们更容易受惑于二级市场运行中的异常状态而非正常逻辑。

本书的写作目的是给出对于二级市场的解释与逻辑，并抛砖引玉邀约大家一起研究和探讨对二级市场的认识和运用。

真诚地希望：读者有一个闲暇的周末，用不超过 12 个小时的有效阅读，认可并接纳笔者的观点，进而放下对二级市场的困惑和恐惧，用最少的心力收获二级市场合理的回报，从而使读者在自己的专长上达成更为宏伟的目标。

对于本书，笔者有以下三件事情需要事先声明：

其一，作为目标和期许，本书所有的观点都尽可能建立在可验证的逻辑的基础之上。因此，对于那些暂时无法用逻辑解释的现象，只能报以"六合之外，存而不论"的态度，艳羡但却不盲从，更不会"以其昏昏使人昭昭"地强硬给出解释。对于诸如量化之类的市场热点，未能涉猎之处，完全是出于笔者的学识、能力所限，敬请谅解。

其二，本书揭示的关于二级市场的认知和运用一定不是最优的方案。本质上讲，它既不是投资回报最高的方案，也不是所谓风险收益比最高的方案，仅仅是现有条件下比较节约心力、逻辑自洽的次次优方案，也是自己的一次尝试。相对于高手所能达成的更高投资水准，本书主打的是"经济适用可习得"。

其三，由于数据收集的技术原因，本书中绝大多数数据的起点都是2013年2月18日（实际上可以向前多采集一个交易日到2013年2月8日，但考虑到2013年2月18日是春节后的第一个交易日，故而以此日为基点），而数据的采集终点原则上都是2024年中报发布完毕后的首个交易日收盘——2024年9月2日。这就不可避免地带来基于11年数据能否完整解释二级市场30年历程的困惑。第一，个人认为对于今后二级市场的走势，2013年前数据的参考性确实没那么强了，不必过于介怀；第二，在笔者看来，逻辑比数据更为重要，数据仅仅是验证逻辑的，在"理论物理学家"与"实验物理学家"之间，不妨将笔者视为"理论物理学家"，不必在数据采集上过于苛责；第三，对于笔者已经发现的此前的二级市场走势与本书援引数据的分析结果具有较大差异的地方，笔者会专门做出提示和说明，以供有需要的读者自己深度挖掘，不会刻意隐瞒。

闲话少叙，本书将从以下三个角度加以论证解读：

第一，科学的交易策略首先应该建立在对标的价格特征的有效把握之上。笔者认为，在规划一个标的的交易策略时，如果不能对它的价格分布特征有所了解、掌握，那么此后的一切，都仅仅是冒险者的游戏，而不是理性的投资决策。并且，对于价格特征的了解、掌握，比"知其然"更为重要的是"知其所以然"，这关系着不同等级的信任程度。本书的第一章，将从逻辑和数据的梳理中，给出对于理想投资标的的价格特征的分析解读进路。

第二，科学的交易策略离不开可靠的交易系统。交易系统不是单次的交易，是可以复制、可以验证、可以比较的，单次的交易中充满太多的偶然性和干扰项。可靠的交易系统，应该体现为更高的胜率、更多的交易机会和更好的容错性。本书的第二章将聚焦于如何在现实的条件下，结合对沪深300净收益指数这一参照系的观察分析解读，制定可用的交易策略。

第三，科学的交易策略，有赖于合适的交易载体。好的交易载体，会使我们的交易安全性更高、效率更高，在个别情况下还可能具有相对独立的策略空间。因此，除了股票外，本书也涉及可转债、期权、ETF以及公募基金的运用，因为它们至少在某些情形下、某个维度上比股票更为合适。本书的第三章，将在单只股票讨论的基础上，讨论这些工具的比较优势和适用条件。

可想而知，在本书的讨论中会涉及一些数学内容，但请放心，这些内容并不会显得艰深晦涩。毕竟，我们想分享的是思考和分析的路径，而不是数学的炫技。书中只有一个中心极限定理涉及高等数学的内容，我们届时只需要大概知道它的意思就行了。

其实，更需要大家提前有所了解的是杜邦分析法。本书的许多研究和讨论都建立在对杜邦分析法的借鉴运用上。杜邦分析法的价值精髓，绝不仅限于利用几种主要的财务比率间的关系来综合地分析企业的财务状况。杜邦分析法更是一种思维方式或者说解析方案。

依笔者孔见，其要旨在于：

（1）构建一个代数恒等式，从而将待分析的变量分解为有限个变量的代数计算结果。

（2）分解所得的变量均有其现实且客观的意义，而非臆造的数学结果。

（3）分解所得的变量有其客观规律或统计学上的边际约束，从而至少在部分场合可以据之做出相对可信的预测。

依个人浅见，凡是符合上述三项要旨的分析方法，皆可视为新的杜邦分析的进路，即"新杜邦分析法"。本书整体受益于此，故定名为《新杜邦分析法与价值投资》。

是为序章。

目　录

第一章　客观的价格特征

科学的交易应当建立在可靠的价格特征之上

投资的最基本构成是交易——买和卖。尽管交易经常发生，但对于如何判断交易的得失，却没有一致的"黄金"标准。

有的人从事后的角度判断交易的得失：后面能够高价卖出，则前面的低价买入交易就是正确的；后面能够低价买回，则之前的高价卖出交易就是正确的。这种评价其实是二级市场投资的整体评估，并无实质意义，赚钱了很难发现自己交易中的错误，亏钱了也很难发现自己相对正确的交易决策，并且对于仓位的控制，这种方法比较难以提供有意义的帮助。

有的人通过价格区间的高低点位来判断交易的得失：卖在了区间的相对高点或者买在了区间的相对低点，就是正确的交易。这无疑需要敏锐的短线嗅觉，对于绝大多数投资者而言帮助并不大，而且一定程度上容易养成追涨杀跌的交易习惯。不是说这种交易习惯就一定不好，但这显然不是价值投资的主流方法。

有的人从计划的执行率看交易的得失，触发买入信号就买，触发卖出信号就卖，并将之视为评价交易得失的标准。但这是基金经理对于交易员的要求，而不是投资者对于自我决策、自我实施交易的判断标准。毕竟，计划也有科学和不科学之分。

在笔者看来，科学的交易应建立在对价格特征的有效把握的基础之上。否则，评判单笔或者多笔交易的得失，无异于刻舟求剑。

试想一个问题，一只股票10元全仓买入，15元全部卖出，15元卖出的交易是否正确呢？

要有科学依据地回答这个问题，就必须尽可能知悉这只股票的价格波动特征。如果它的历史最低价是10元，历史均价是20元，历史最高价是50元，则很难说15元的价格全部卖出是完全正确的；又如果它的历史最低价是 5 元，历史均价是 10 元，历史最高价是 15 元，那么能够以 15 元的价格全部卖掉，还挺划算的。

同时，这个问题的回答也不能这么简单地依据历史价格。毕竟股票未来的价格是不确定的，并没有一条法律规定它必须按照既往的价格区间震荡。否则，二级市场的投资就可以简化为小学生都可以完成的看图作业了。

我们必须从纷繁的数据中，找出一些相对具有可靠性的价格特征，并基于此对于未来股价运行的可能区间给出大概率的预测，从而相对科学地规划交易。

不仅如此，我们还必须接受一个现实：并不是所有的股票在所有的时间都能够分析出具有一定可靠性的价格特征。有的股票至少在某一阶段的股价运行完成时，处于不可解释的状态。有的是股价的运行正处于癫狂的非理性状态，有的是由于分析工具和分析能力的不足。作为价值投资的拥趸，对此要有充分的思想准备。

但仔细想想，其实也没什么，因为没有一条法律规定你必须交易某一只特定的股票。我们完全可以把自己的目标限定得小一点，只做那些可以被相对可靠地进行价格特征分析的股票！为什么非要去交易那些局势所致、能力所限而不可理解的标的呢？

沪深两市现在可交易的股票有 5000 多只，我们根本不需要找到一种能够帮助指导交易所有股票的工具方法。"弱水三千，只取一瓢饮"。我们完全可以只交易那些已经被有效识别并分析其价格特征的股票！

而对于价格特征的分析，具有科学基因的方法，最好借鉴杜邦分析的思路。杜邦分析法提出于 20 世纪，它将 ROE 这个企业绩效的核心指标，代数恒等地拆解为若干个小的财务比例，并进行深入的评估分析。时至今日，这一方法仍然在企业运行质效评估中发挥着巨大作用。

在本书中，笔者并不是"安利"大家利用杜邦分析法判断一家上市公司的运行质效，而是采用一种借鉴运用的思路。我们完全有理由将公司的股价，类似于 ROE 那样，拆解为若干个有意义的变量，并且这些变量的代数计算结果恒等于其股价。

那么，如果拆解所得的变量都有其客观存在的或者主观置信的边际约束，则无疑我们有可能通过这种"杜邦分析式"的方法，对于股票的价格特征给出相对可信的预判，并基于此做出科学的交易规划。

那么，如何进行这样的"杜邦分析"呢？

是折溢价率而不是传统估值指标

阿斯瓦斯·达莫达兰（Aswath Damodaran）最广为人知的论述是："估值是一切投资决策的灵魂。"（Valuation is at the Heart of Any Investment Decisions.）每一个价值投资者，毫无疑问都会关注股票的估值指标，并在很大程度上将其视为投资的重要决策参考指标，卖掉高估的股票止盈落袋，买入低估的股票耐心等待。但这些估值指标自洽吗？所谓高估低估究竟又能在多大程度上帮助到你的投资呢？

假设有两家稳健盈利的上市公司，A公司每股净资产10元，每股年盈利2元，B公司每股净资产5元，每股年盈利4元。两家公司都很慷慨，每年的盈利全部现金分红；两家公司都很厉害，它们有足够多的证据让你相信其盈利能力在可预见的未来是保持不变的。现在，两家公司的股价都是20元，请问哪家公司的股票被高估了、哪家公司的股票被低估了呢？

你如果喜欢用市净率指标，A公司的市净率是2倍，B公司的市净率是4倍，似乎B公司被高估了；你如果喜欢用市盈率指标，A公司的市盈率是10倍，B公司的市盈率是5倍，似乎被高估的又变成了A公司，如表1-1所示。

表1-1 市净率与市盈率估值区别

公司	股价	BPS	EPS	PB	PE
A	20元	10元	2元	2倍	10倍
B	20元	5元	4元	4倍	5倍

这一矛盾冲突显然不可能是笔者慧眼独具的原创发现，相信多数价值投资者都早有所觉察。毕竟，即便是不那么"学术"的百度百科，在解释"市净率"这一估值指标时，都会说："市净率可用于股票投资分析，一般来说市净率较低的股票，投资价值较高，相反，则投资价值较低；但在判断投资价值时还要考虑当时的市场环境以及公司经营情况、盈利能力等因素。"[1]

---

① baike.baidu.com/item/ 市净率 /357567? fr=ge_ala.

　　这显然是一个非常正确、非常全面的投资分析框架，能够很好地指明市净率的运用场景，对于某一家 ROE 水平保持恒定（大体相当于所谓的"公司经营情况、盈利能力"）的公司而言，在无风险利率也保持不变（大体相当于所谓的"当时的市场环境"）的情况下，市净率越低，说明公司的估值越低，投资价值越高。但如若 ROE 水平不能保持恒定，又或者是两家 ROE 水平恒定但有较大差别的同类公司，则该如何运用市净率指标呢？又若无风险利率发生了较大变化，如何定量地运用分析市净率指标去分析估值以及投资价值的高与低呢？

　　有人从指标解读的角度给出另辟蹊径的方案，认为经过市场的洗礼后，市净率较高的公司应该具有更高的盈利能力，可能更具有投资价值。这不失为一家之言，也能帮助解释一些市场上对龙头股的追捧，但显然在逻辑的自洽性上有所不足，姑且存而不论吧。

　　市净率指标之外，市盈率指标本质上也有类似的缺陷，使它不能彻底取代市净率这一指标。个中细节，在此不做过多赘述了。

　　依笔者之见，这其实是参考指标的缺陷。与其在如何更好地全面分析、匠心解读、准确把握、科学运用这一有缺陷的指标上花大力气，不妨考虑尝试去修复完善指标本身的缺陷，从而使后期的运用不那么复杂或者局限。

　　众所周知，当你有一块手表的时候，你貌似知道时间，但当你有两块手表且两块手表的时间不一样时，你却仿佛不知道时间了，因为你不知道该看哪一块手表。更准确来说，你不知道哪块手表的时间才是准确的，或是两块手表的时间都不准确。

　　于是你本能地试图寻找或者发明第三块手表，以求破局。也许你会喜欢同时看市净率和市盈率，那样的话，似乎觉得 A、B 两公司的估值水平差不多，但又说不上判断的依据。不必觉得难为情，笔者曾出于直觉，用 $\sqrt{PB \times PE}$ 这个指标很多年，虽然并不能准确地说清楚为什么用这个指标。

　　凡此种种，似乎提醒我们，现在轻松可得的传统估值指标存在一些不足之处，需要我们仔细地梳理和辨析并加以修正完善，才能真正地帮助到我们的价值投资。

　　让我们回归初心，为什么要有这些估值指标呢？相信这些指标被人为设计出来的时候，一定有美好的初心，就是帮助我们判断价格与价值的偏离情况，给出价格高估或者低估的信号。

诚如沃伦·巴菲特所言："你付出的是价格，得到的是价值。"（Price is what you pay，value is what you get.）作为投资人特别是价值投资者，我们真正想要的参考指标是价格与价值的折溢价情况，但软件上给出的却是价格与价值评价因子（每股净资产或每股盈利）的比值。这个答案容易给出并且接近正确答案，但却不一定是正确答案。

犬子小有聪明但略欠踏实，在班上几门课中只有数学相对好一些。每次想了解他的数学学习情况，他会如实地告诉笔者，这次数学考了98分。那这个分数能说明问题吗？肯定能说明一些问题，至少不太糟糕对吧？但说到点子上了吗？恐怕没有，如果这次卷子很难，平均分85分，满分的没有，95分以上的就2个学生，笔者当然觉得自己孩子数学学得非常好；如果这次卷子很简单，一半以上的孩子是满分，还有40%的孩子只扣了1分，相信你也一定觉得这个98分不那么香了。

考虑如果是前一种情况，他往往会主动地详细补充说明分数的分布细节；而如果是后一种情况，他会选择回避进一步的细节，并技巧性地代之以漏写单位、漏写答语所以扣了2分之类的解释。碰到这种情况，笔者肯定不能说他撒谎，但心中也明白实际上他只告诉了一个接近答案却不完全匹配需求的回答。

现成的估值指标在某种意义上就相当于这个98分。10倍市盈率怎么样？算是比较低估了吧？但你要看市场的无风险利率水平，如果通胀厉害得很，无风险利率年化达到了20%的水平，恐怕10倍的市盈率也不能说很低估了，因为无风险回报的市盈率已经降到了5倍的水平了。

既然如此，我们就没有必要在这些"修正主义"的估值指标上纠结了，直接去看怎样定义和计算我们的折溢价情况。

我们自定义一个名为折溢价率（Discount and Premium Rate，Premium Rate，PR）的指标，它的内涵很清晰，就是市场价格与公允价值（Fair Value，FV）的比值。它的结论也很清晰，比值高于1，说明市场价格较公允价值高估了；比值低于1，说明市场价格较公允价值低估了；比值等于1，那就是不高不低刚刚好。

PR这个指标其实也不是完全原创，在基金估值领域特别是ETF或者LOF基金里就有经常性的应用。一篮子股票组成的ETF或者LOF，盘中以及收盘时均有其明确的内在价格。与此同时，盘中及收盘也都有实时的交易价格，交易价格往往和内在的市场价格接近但不完全等同，因此用折溢价率 PR 进行表征，甚至还有专门的投资机构据此进行无风险套利。本书中，尽管我们借用了折溢价率 PR 这个指标，但其与市场价格进行比较的是股票的公允价值，而不是 ETF 或者 LOF 基金的一篮子价格加权计算结果。本书中有：

$$PR=P \div FV$$

市场价格 P 很容易获取，自不待言。公允价值 FV 从何而来呢？这就涉及估值的方法论了。

从重置成本法的角度看，公允价值 FV 最优的表达是每股净资产 BPS 了。因此，在这个视角下：

$$PR=P \div FV=P \div BPS=PB$$

逻辑推理的结果就是这样，在重置成本法的估值思路下，折溢价率 PR 等于市净率 PB。所以，有很多投资者本能地觉得市净率更可靠、更愿意利用 PB 值进行价值投资的参考，也不是没有道理的。

但显然重置成本法的估值思路既不是唯一的，也不是令人十分满意的。毕竟上市公司不同，它们有盈利能力的差异，更何况还有所谓的市场环境（如无风险利率水平）等的差异。

所以，我们还要看另外一种估值的思路，那就是未来现金流折现法。而未来现金流折现法的推导，就不像重置成本法这么简单容易了。

未来现金流折现法视角的公允价值

严格来说，未来现金流折现的方法是极其冒险的做法。它试图通过对未来逐年现金流的逐一折现，计算出资产的现值。这意味着不仅要对该项资产未来直至永久的盈利进行预测，还要对未来直至永久的无风险利率水平进行预测，从而在此基础上进行未来现金流折现。从某种意义上来说，未来现金流折现的方法接近于一项不可能完成的任务。

但人们之所以接受它，也不全部出于不得已。因为，总有一些资产的年收益水平是大体固定的；或者，在可以预测的未来，无风险利率的波动区间和震荡中枢是大体可以估测的，而相近年份间由于无风险利率水平的变动导致折现值的不同，又可以简单地进行平均调和，且不至于产生太大的误差。

另外，还可以通过对未来的不确定性进行一定的折价而进行审慎调整。

所以，尽管理论上困难重重，但未来现金流折现法仍不失为一个可供观察的第二视角，可以解决不同 ROE 水平下以及不同无风险利率水平下市净率估值差异的问题。从这个意义上来看，值得我们对此加以研究。

A 股市场上确实不乏年化 ROE 水平基本稳定的上市公司。如图 1-1 所示，隧道股份 2013 年以来的 ROE 水平基本保持在 10% 左右的水平。需要说明的是，在这里，对于 ROE 取值，并未采用定期财报的数据，而是通过 MRQ 的市净率和 TTM 的市盈率之商间接求得。这对于长期数据的处理以及横向的比较而言，更为简单和明晰一些，并且有助于在个股 ROE 和指数 ROE 的取得方式上达成统一。需要注意的是，出于作图的便利，本书中自绘图例的时间轴布局最左侧为近端，最右侧为远端，与一般的布局刚好相反。这样的处理似乎也能更清晰地聚焦于近期的数据。

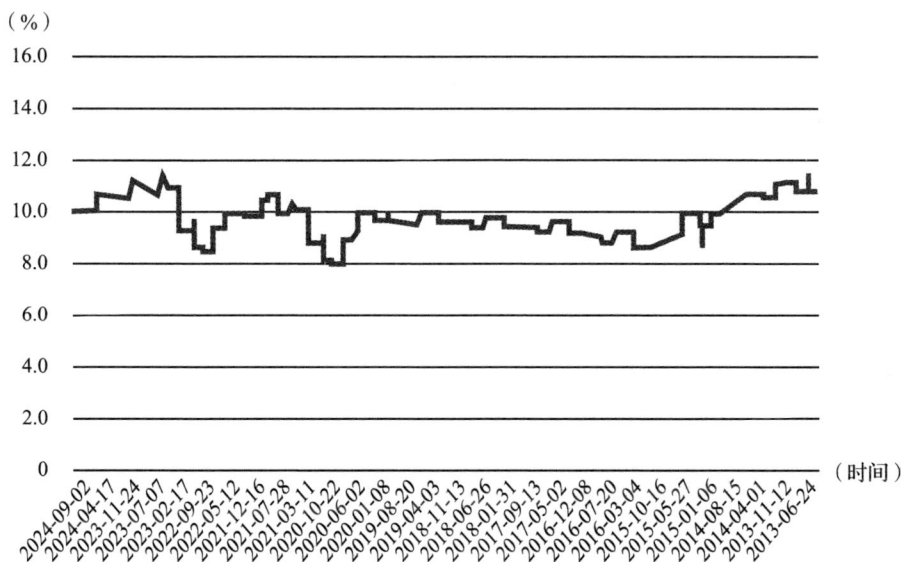

图 1-1　隧道股份 ROE 水平

资料来源：同花顺 iFinD，无特殊说明下同。

对于个股而言，其业绩的波动可能性确实存在（比如隧道股份的年际、季度间的 ROE 波动），使寻找例证稍显困难。但对于宽基指数而言，其 ROE 水平的稳定性则更值得期待。从沪深 300 指数来看，如图 1-2 所示，通过 PB÷PE 的方式求得的 ROE 的水平，近些年基本稳定在 11% 左右。

（％）

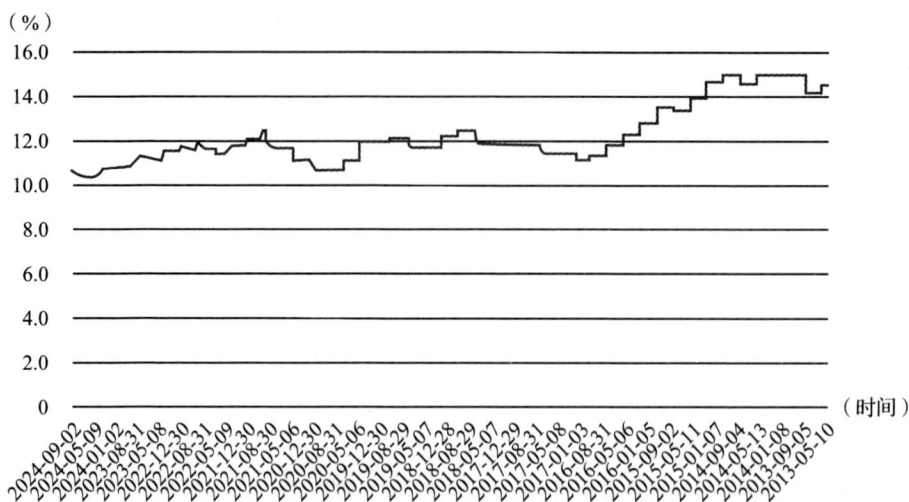

图 1-2 沪深 300 指数 ROE 水平

再如，选沪深 300 非周（期）全收益指数（H00969.CSI），如图 1-3 所示，其 ROE 水平的长期稳定性更值得肯定一些。

（％）

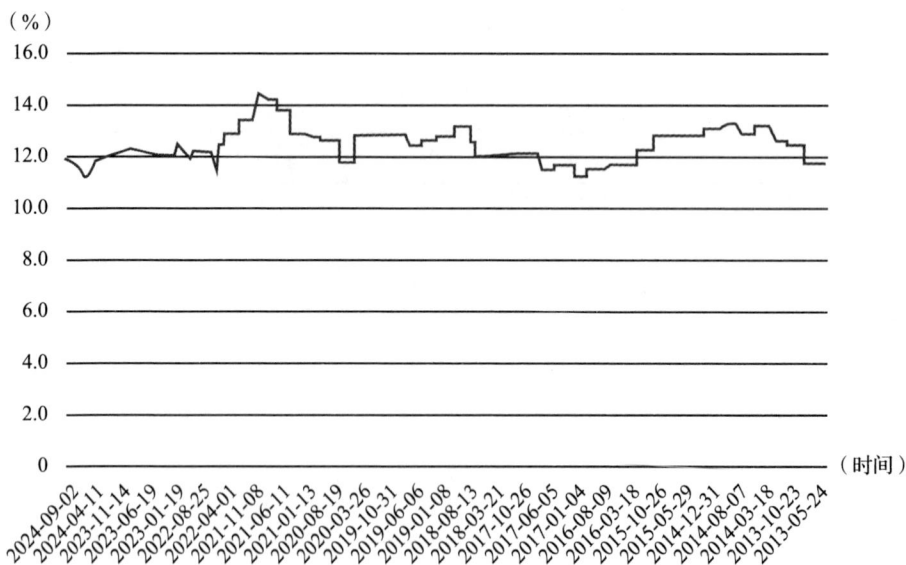

图 1-3 沪深 300 非周（期）全收益指数 ROE 水平

因此，假设存在一个理想标的，其 ROE 水平常年保持稳定是可能的。

现在需要研究的问题是，如何合理假设每年现金分红的比例。

首先，可以明确的是，理想标的的 ROE 水平应该高于无风险利率水平，否则一个价值投资者没有充足理由去投资效率更低的标的。

其次，通过简单的数学推算可以知道，如果分红的水平达不到 ROE 的水平，则资产趋于无穷大而导致其年利润以及分红现金流折现的结果为正无穷。

因此，为了能够得到一个有意义的数学解，我们必须对理想标的进行如下假设：

标的期初资产为 B，ROE 水平恒为 a（由此可知：EPS 恒为 B×a），每年末进行现金分红，现金分红的数额刚好是 B×a（进而：期末的资产恢复为 B）。与此同时，还需要进一步假设无风险利率的水平恒为 r。根据未来现金流折现的计算方法，其未来现金流折现法下的公允价值（FV）为：

FV=B×a÷（1+r）+B×a÷（1+r）÷（1+r）+B×a÷（1+r）÷（1+r）×（1+r）······

结合下式的泰勒公式：

$$\frac{1}{1-x} = 1 + x + x^2 + x^3 + x^4 + o(x^4)$$

可以推导算得：

$$FV = B \times a \div r \qquad\qquad (1-1)$$

据此，我们可以求得，在未来现金流折现的视角下，理想标的折溢价率（PR）：

PR=P÷FV=P÷（B×a÷r）=r×[P÷（B×a）]=r×（P÷EPS）=PE×r

即：

$$PR = PE \times r \qquad\qquad (1-2)$$

对于式（1-1），相信大家从感性上很容易接受，相同的期初资产下，ROE 水平越高的标的，其未来可创造的折现现金流越高，因此其公允价值越高。而对于相同 ROE 水平的资产，风险利率的水平越低，其公允价值越高。经济学中降息会导致股市上涨，加息会导致股市下跌。

对于式（1-2），尽管有点陌生，但其实不难理解和接受，毕竟只是式（1-1）用折溢价率（PR）进行的一种表达方式。其暗含的逻辑在于，单独的市盈率（PE）其实并不足以回答标的的折溢价率水平，需要结合当时的无风险利率水平一起判别。回想前文的例子，单纯一个 10 倍的市盈率水平并不能说明什么，还要看当时的无风险利率水平是多少。如果是 20% 的无风险利率水平，那么 PR=PE×r=10×20%=200%，就是高估；如果是通常所认为的 3% 左右的无风险利率水平，那么，这时的 PR=PE×r=10×3%=30%，就是具有一定投资价值的低估。

对于近期市场不同视角的观察（见图 1-4），能非常好地说明这一点。单纯从市盈率的角度看，近期沪深 300 指数的市盈率（2024 年 9 月 2 日录得 11.31）仅仅处于一个相对稍低的位置，与长周期均值（12.23）差距不大，距离 2014 年的底部（7.91）还很遥远；从粗线显示的折溢价率（未来现金流折现法）的角度看，当前市场正处于历史极值水平的低估（图 1-4 中的系数 31 是为了将两者近距离比较进行的线性调整）。哪一个观察视角更符合大众对于当前市场的一致认识，自不待言[①]。

（%）

— 沪深300指数未来现金流折现法PR×31   — 沪深300指数市盈率（TTM）

图 1-4   沪深 300 指数市盈率与未来现金流折现法折溢价率比较

需要进一步说明的是，理想标的的前提假设中，增加了盈利全部分红的约束条件。对于 A 股市场而言，尽管有现金分红的"半强制性"要求，但实践中很少有公司将全年利润全部拿来分红。现实与假设之间存在一定差异。

但这一问题也能得到修正解决。仍以沪深 300 指数为例，尽管它没有全

---

① 注：无风险利率选取十年期国债的到期收益率数据，下同

部拿来分红，但我们可以在需要的时候自行卖出对应的份额而手动分红。如图
1-5 所示，由于沪深 300 指数的折溢价率始终小于 1，手动分红会收到少于上
市公司全部分红的现金，但可以通过少分红多留资产的方式对冲掉这一影响。

（%）

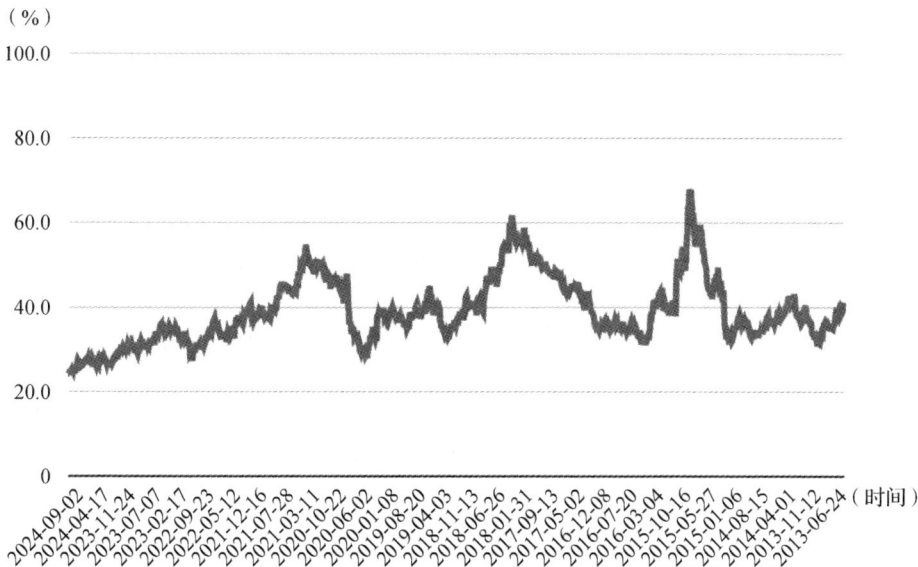

图 1-5　沪深 300 指数未来现金流折现法折溢价率

因此，尽管数学上可能较为烦琐些，但至少可以通过手动的方式，使分
红的效果最终在未来现金流折现的方法下等同于全部利润分红。也算为理想
标的的成立可行性做必要的补充说明。

中庸之道下的折溢价率

本章第二节从价格与价值的原初关系出发，提出了折溢价率（PR）的
概念，并且推导出在重置成本法的视角下，市净率（PB）其实是折溢价率
的等价表述。通过理想标的的探讨与假设，推导出市盈率与无风险利率之积
（PE×r）才是折溢价率的等价表述。

如图 1-6 所示，不难看出，对于沪深 300 指数而言，未来现金流折现
法下的市盈率与无风险利率之积（粗线）与重置成本法下的市净率（细线）
存在系统性差异。仅从 2013 年以来数据观察，重置成本法下的市净率始终
大于 100%，而未来现金流折现法下的市盈率与无风险利率之积始终小于

100%。与此同时，两者的变动则似乎大体上同步。

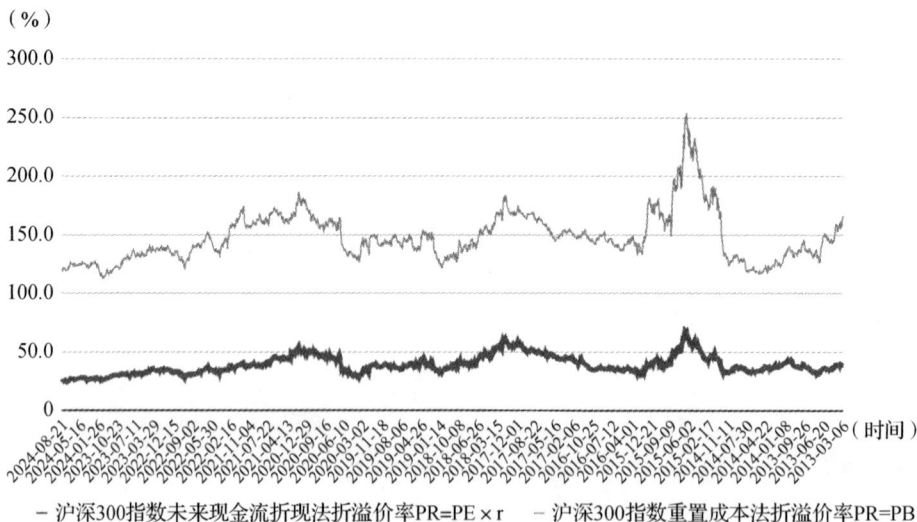

（%）

- 沪深300指数未来现金流折现法折溢价率PR=PE×r　　- 沪深300指数重置成本法折溢价率PR=PB

图1-6　沪深300指数折溢价率不同视角比较

又一次，我们拥有了"两块手表"。

那么，哪一个才是我们应该更为倚重的折溢价率呢？理论上分析：市净率的角度天然有一定缺陷，没有考虑到标的资产的盈利水平的差异，而且在最终结果上将估值的市场波动（其中还有无风险利率变动的因素）与盈利的内在差异混在一起。市盈率与无风险利率之积考虑了标的资产的盈利效能，并将无风险利率很好地纳入分析框架，但美中不足的是没有将标的的当期资产价值体现出来。

应该如何取舍？

不妨仔细剖析一下再做探讨。为了尽可能摆脱 ROE 水平波动的干扰，我们继续选取年化 ROE 相对稳健的沪深 300 指数进行解剖。在重置成本法（即市净率）和在未来现金流折现法（即市盈率与无风险利率之积）这两个不同视角下，对于沪深 300 指数折溢价率的刻画的细节差异如图 1-7 所示。与图1-4 一样，调整系数 3.79 仅是为了方便比较观察并进行数学处理。

不难看出，两者之间的节奏是较为同步的，往往是在极端估值的情况下，"重置成本法下的市净率"与"未来现金流折现法下的市盈率与无风险利率之积"有较大差异。并且，这种差异不是呈现某种固定的模式，极端高估、极端低估导致偏离时，有时是重置成本法下的市净率更为偏离均值，有

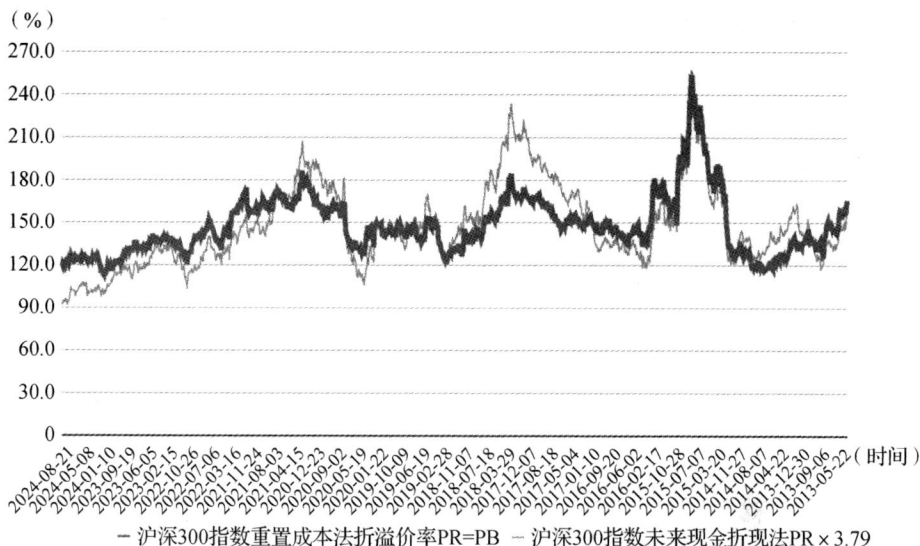

（%）

— 沪深300指数重置成本法折溢价率PR=PB　— 沪深300指数未来现金折现法PR×3.79

图 1-7　系数调整后沪深 300 指数折溢价率不同视角比较

时则是未来现金流折现法下的市盈率与无风险利率之积更为偏离均值。

切换样本为沪深 300 非周（期）全收益指数（H00969.CSI），如图 1-8 所示，基本能得出与沪深 300 指数相类似的分析结论。同样地，其中的 3.92 调整系数也仅仅是为了便于观察而采取的数学方法，并无实质意义。

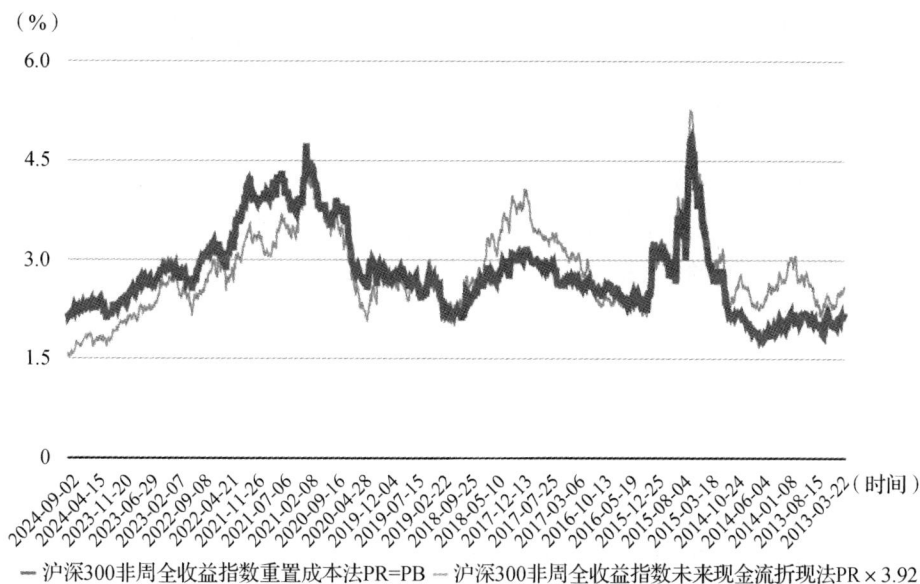

（%）

— 沪深300非周全收益指数重置成本法PR=PB　— 沪深300非周全收益指数未来现金流折现法PR×3.92

图 1-8　系数调整后沪深 300 非周（期）全收益指数折溢价率不同视角比较

基于上述观察中的波动基本同频，但有较大数值差异的区别，我们完全可以做一个大胆的尝试，即采取中庸之道，将两者融合加以运用。考虑到两个视角下的折溢价率存在较大数值偏差以至需要额外进行系数调整才能便于比较观察，因此，采用数学上更为包容的几何平均而不是算术平均的方法将两者加权计算。

定义中庸之道下的折溢价率为"市净率、市盈率、无风险利率之积的正平方根"，以下简称"三率平方根"。即：

$$PR = \sqrt{PB \times PE \times r}$$

同时，为了下文表述的区分，将这一重置成本法折溢价率与未来现金流折现法折溢价率几何平均算得的折溢价率，用小写字母 pr 专门指代：

$$pr = \sqrt{PB \times PE \times r} \qquad (1-3)$$

我们据此自定义了"三率平方根"，用以表征标的资产相对于其公允价值的新的折溢价率指标。请大家务必注意这个自定义指标，这将是此后进一步开展新杜邦分析的核心指标，也可以说是本书唯二的核心贡献之一。

我们不妨在此稍稍地展开一些初步的观察和讨论。

首先，如图 1-9 所示，通过几何平均的方法求得的三率平方根所表征的折溢价率（中间粗线），刚好位于市净率（上线）和市盈率与无风险利率之积（下线）的中间。整体走势也大体同步。并且三率平方根 2013 年以来的震荡区间位于 50%~140%。

这可是一个很好的特征。上文已经提及，仅以 2013 年以来的数据观察，重置成本法下的市净率始终大于 100%，而未来现金流折现法下的市盈率与无风险利率之积始终小于 100%。始终大于 100% 的市净率意味着重置成本法视角下只有溢价而没有折价，始终小于 100% 的市盈率与无风险利率之积意味着未来现金流折现法视角下只有折价而没有溢价，都不是折溢价率这一指标应有的体现。现在通过两者的几何平均，得到了一个既有折价又有溢价的分布区间，无疑距离我们的初心更为贴近了。

为了便于进一步观察，我们依然用系数调整的方式将三者进行贴身比较观察。如图 1-10 所示，作为两者的几何平均值，三率平方根始终位于重置成本法下的市净率与未来现金流折现法下的市盈率与无风险利率之积中间。

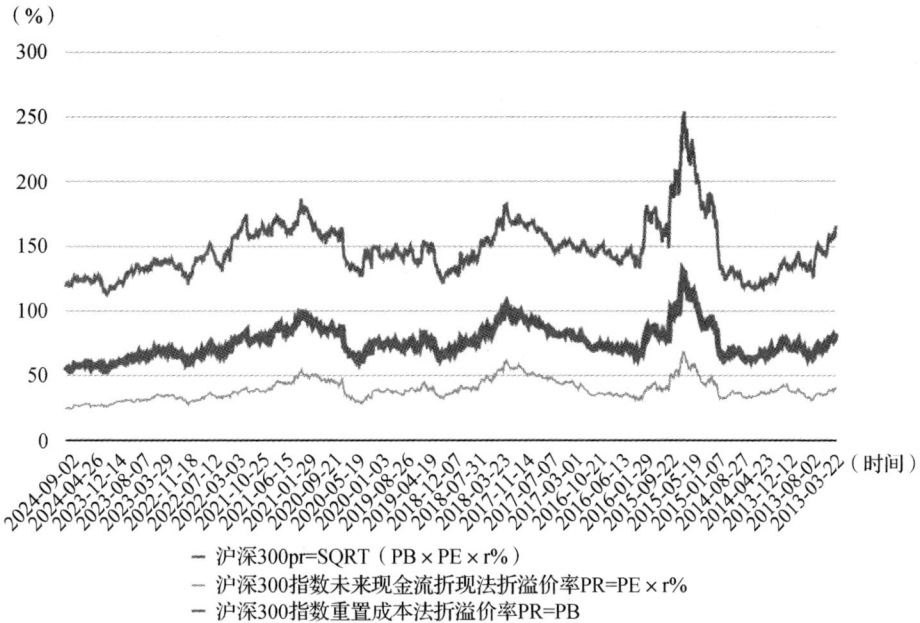

- 沪深300pr=SQRT（PB×PE×r%）
- 沪深300指数未来现金流折现法折溢价率PR=PE×r%
- 沪深300指数重置成本法折溢价率PR=PB

图1-9　沪深300指数折溢价率三种视角比较

在非极端值的情况下，三者差异极小；在极端值的情况下，三率平方根较其余两者中的一种更为接近常态值。

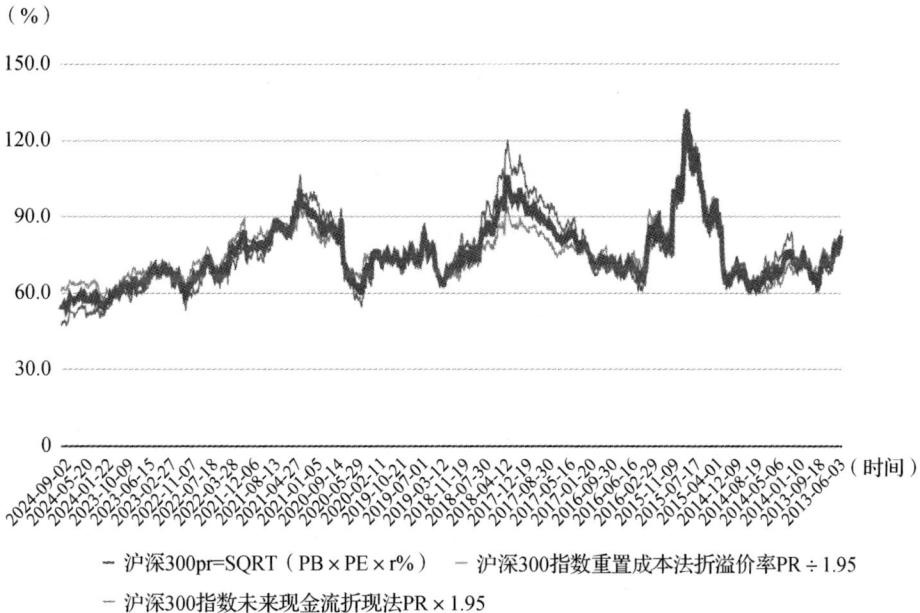

- 沪深300pr=SQRT（PB×PE×r%）　　— 沪深300指数重置成本法折溢价率PR÷1.95
- 沪深300指数未来现金流折现法PR×1.95

图1-10　系数调整后沪深300指数折溢价率三种视角比较

这也是一个极为重要的结论。如果存在一个关于折溢价率的黄金标准，且这一标准是由"重置成本法下的市净率"与"未来现金流折现法下的市盈率与无风险利率之积"经过代数计算加权平均算得，那么，至少可以证明，三率平方根对于这一黄金标准的贴合度，优于"重置成本法下的市净率"与"未来现金流折现法下的市盈率与无风险利率之积"的其中之一。也就是说，三率平方根尽管目前尚不能被证明为最优标准，但至少是次优的选择。

还记得图 1–7 中的调整系数 3.79 吗？图 1–10 中的调整系数$1.95 \approx \sqrt{3.79}$。显然，这不是巧合而是必然。

由于重置成本法下的市净率、未来现金流折现法下的市盈率与无风险利率之积、三率平方根本质上都是对折溢价率的刻画，三者在数学上的量纲是相等的。既然每股净资产 BPS=P÷PB 是基于重置成本法角度对于公允价值的一种刻画，那么，P÷（PE×r）无疑是对标的资产公允价值从未来现金流折现法角度的一种刻画；进一步地，P÷SQRT（PB×PE×r）同样是对公允价值的一种刻画，只不过这种刻画是对于重置成本法、未来现金流折现法角度的综合运用，即三率平方根视角的刻画。

于是，我们同样指定小写形式 fv 为公允价值（Fair Value, FV）在三率平方根角度下公允价值的专用表述。即：

$$fv = P \div \sqrt{PB \times PE \times r} \tag{1-4}$$

本书暂定为"经无风险利率调整后的每股资产盈利"。

在此基础上，由于 PB=P÷BPS，PE=P÷EPS，由简单数学代换可知：

$$fv = \sqrt{BPS \times (EPS \div r)} \tag{1-5}$$

式（1–4）与式（1–5）是完全等价的。

如何更为直观地理解这一公式呢？我们暂且以沪深 300 非周（期）全收益指数（H00969.CSI）为例，如图 1–11 所示，沪深 300 非周（期）全收益指数的公允价值增长，可以在三个视角下得到大体一致但细节略有不同的刻画。由于这种差异无非是折溢价率不同细节的倒数形式表达，在此不做赘述，暂且留待第二章结合对沪深 300 指数的深入讨论而展开。

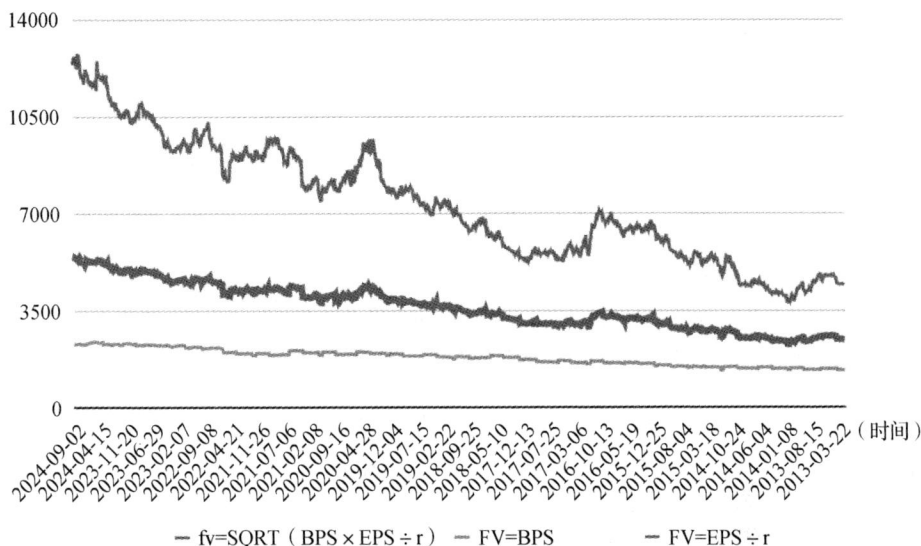

图 1-11　沪深 300 非周（期）全收益指数公允价值三种视角比较

三率平方根的特殊优势

正如奥卡姆剃刀原理所述："如无必要，勿增实体。"前文基于数学上的便利和观察中的考虑，自定义了 SQRT（PB×PE×r）三率平方根作为折溢价率的一种中庸的表现形式，并初步讨论了它的"优点"。但第四节的简单讨论，显然并不能构成新增一个自定义概念的充分条件。正如胡适先生所言，治学的方法即在于"大胆假设，小心求证"。在试验性地定义了三率平方根这个新的折溢价率，并且初步看还有其可观之处的基础上，如果有意将其作为价值投资分析中必要的实体，我们必须进一步地深入讨论。

让我们回到之前讨论过的问题：

假设有两家稳健盈利的上市公司，A 公司每股净资产 10 元，每股年盈利 2 元，B 公司每股净资产 5 元，每股年盈利 4 元。两家公司都很慷慨，每年的盈利全部现金分红；两家公司也都很幸运，它们有足够多的证据能够让你相信它们的盈利能力是可保持不变的。现在，两家公司的股价都是 20 元，请问哪家公司的股票被高估了，哪家公司的股票被低估了呢？

我们抛开传统的估值概念，用折溢价率的概念进行观察。为了讨论和计算的方便，我们假设未来的无风险利率均为年化 2.45%。则可以分别计算 A、

B 两家公司的重置成本法视角的折溢价率、未来现金流折现法视角的折溢价率以及中庸之道三率平方根的折溢价率。结果如表 1-2 所示。

表1-2　不同公司折溢价率三种算法对比

公司	股价 P（元）	BPS（元）	EPS（元）	r（%）	PR=PB（%）	PR=PE×r（%）	pr=SQRT（PB×PE×r）（%）
A	20	10	2	2.45	200	24.5	70
B	20	5	4	2.45	400	12.25	70

通过表 1-2 的计算，我们惊奇地发现，折中之下的三率平方根对于 A、B 两家公司而言，其三率平方根视角下的折溢价率是相同的 70%。

这并不仅是数学计算的一次偶然巧合，而是基于三率平方根折溢价率定义的逻辑推理的必然。基于式（1-3）有：

$$pr = \sqrt{PB \times PE \times r}$$

由于 ROE=EPS÷BPS=PB÷PE，经过等价变换可知（中间过程从略，感兴趣的读者可以自行简单推导）：

$$PB = pr \times \sqrt{ROE \div r}$$

$$PE = pr \div \sqrt{ROE \times r}$$

那么，从控制变量的角度看，三率平方根中的 PB，其实对于 ROE 的二分之一次方是正相关的，而三率平方根中的 PE，对于 ROE 的二分之一次方是负相关的，再加上一个与 ROE 完全不相关的无风险利率 r，三者乘积的结果刚好是与 ROE 水平不相关。因而，三者乘积的平方根，也就是三率平方根，必然地与 ROE 不相关了。

真可谓平地一声雷！当这一数学推演首次呈现于眼前时，确令笔者肃然起敬、热泪盈眶。因为，这一数学结果将带来巨大的分析优势和应用价值！

长期以来，我们对于二级市场的回溯探讨，所面临的问题是长周期维度盈利水平波动的干扰，使我们的观察难以在长期维度内有效开展。本章第三节所举的隧道股份、沪深 300 指数、沪深 300 非周（期）全收益指数等例证，尽管已经是比较好的长期 ROE 水平大体恒定的例子，但仍然不可避免地会有小幅的波动和趋势性变迁。而三率平方根这一自定义的折溢价率指标，因为算法上天然地与 ROE 不相关，所以能够从根本上摆脱 ROE 带来的扰动，让我们的观察更加长期和更为客观。

下面补充的结论，未经详细的数学论证，但逻辑上大体经得起检验：

正因为三率平方根对于 ROE 脱敏这一数学特征，所以尽管对未来现金流折现法的推导必须引入 ROE 水平恒定这一前提假设，但三率平方根的运用却不一定要受此强约束，至少对于一些 ROE 波动水平不高或者呈现出长周期趋势性调整的标的而言，不失为一个可供参考的度量衡。这就暗示，也许三率平方根并不是温室里的花朵，仅仅适用于少数符合苛刻条件的标的，而是具有一定的普适性。

当然，对于 PE 为负甚至 PB 为负的标的而言，三率平方根显然不适用。但那些估值指标为负的特定公司的股价，其定价依据是另类逻辑。对于价值投资者而言，PE 为负甚至 PB 为负的标的，绝大多数时候并不是值得关注讨论的标的。

以上是关于三率平方根这一折溢价率指标特殊优势的讨论，由此我们慢慢接受了三率平方根这一"新增实体"的必要性。那么，是否还有别的必要性佐证理由呢？

有的！仍以沪深 300 指数为例，在第四节的讨论中，我们发现，仅以 2013 年以来数据观察，重置成本法下的市净率始终大于 100%，而未来现金流折现法下的市盈率与无风险利率之积始终小于 100%，并且导致两者之间存在较大的数值差异。那么，这是当前 A 股才存在的一种阶段性的现象，还是具有内在逻辑支撑的客观规律表象呢？笔者认为，至少对于可以预见的估值震荡常态而言，两者的高下之分是有其内在逻辑支撑的。

先说市净率，作为重置成本法视角下的折溢价率，它其实表征着市场对于资产估价的安全底线。沪深 300 指数作为大盘蓝筹指数，代表着国民经济主要部门和头部优质上市公司的一揽子组合，沪深 300 指数的市净率小于 100%，说明对于整体国民经济而言，进行再投资的经济性不如直接购置资产，这意味着国民经济再生产活动几乎陷入停顿。这在现代宏观经济调控有效的情况下，几乎是不可以想象的场景。所以，我们几乎可以确信，沪深 300 指数的市净率不可以小于 100%。事实上，有史以来（不是 2013 年 2 月 18 日以来）我们所能观察到的最小值是 112.21%（出现于 2024 年 1 月 22 日）。

　　PE×r 从概念上讲，它是未来现金流折现法下的折溢价率。它的推导依赖于未来 ROE 水平的恒定和未来无风险利率的恒定。然而我们知道，现实生活中它们是不可能确保恒定的。所以，投资者必须就此进行额外的风险折价。PE×r 大于 100% 的话，意味着我们不仅要进行风险折价，且较之假设的理想状况还要额外地给出溢价，恐怕大多数价值投资者难以接受这一结论。毕竟，好公司还是要卖在好价格上。

　　尽管对于一些初创期的公司，市场会基于成长性给出额外溢价，但对于成熟的行业、成熟的公司而言，显然难以给出额外的成长性溢价，而对于沪深 300 这样的大盘蓝筹指数而言，始终低于 100% 是其合理的运行区间。

　　在此需要特别补充说明的是，A 股历史上有过这样的时刻。如图 1-12 所示，2009 年 7 月中旬到 8 月中旬的一个月内，沪深 300 指数的 PE×r 曾经短暂地两度冲到 100% 以上（极值为 2009 年 8 月 3 日录得的 113.4%，至今不过 16 年光景。）大家回顾一下那时候股市弥漫的"疯牛"气息，也就能够接受这一例外的突破了。因为狂热的气氛也能提供理性之外的额外的溢价支撑，只是无法持久罢了。

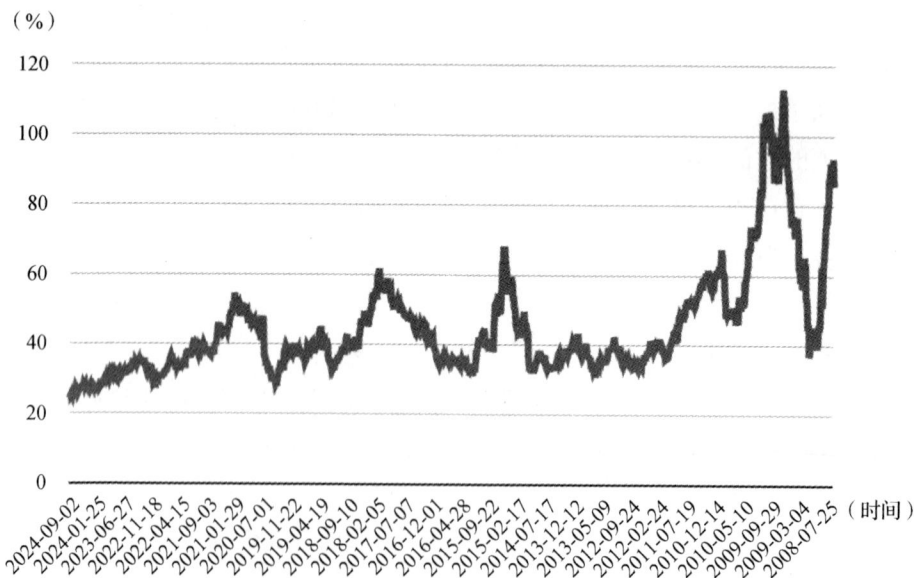

图 1-12　沪深 300 指数未来现金流折现法折溢价率 2008 年 7 月 1 日以来走势

　　以笔者浅见，这一例外不仅没有反驳前述关于沪深 300 指数 PE×r 不应超过 100% 的论证的合理性，反而进一步证明了 2009 年 7 月中旬到 8 月中旬的"疯牛"行情的不合情理之处和难以再现的根本原因。

综上所述，我们大体可以认为，在没有发生特别异常的情况下，至少对于沪深 300 指数而言，重置成本法下的市净率始终大于 100%、未来现金流折现法下的市盈率与无风险利率之积始终小于 100%，是具有内在逻辑支撑的客观边际约束。

然而，我们的探索并不应止步于此。

让我们把目光转移到三率平方根上再进行观察，由于 PB÷PE=ROE，所以三率平方根（pr）这一折溢价率指标也可以写成 PE、ROE、r 的函数或者 PB、ROE、r 的函数。即：

$$pr = \sqrt{ROE \times PE \times PE \times r} = (PE \times r) \times \sqrt{ROE \div r}$$

$$pr = \sqrt{PB \times PB \div ROE \times r} = PB \times \sqrt{r \div ROE}$$

对于沪深 300 指数而言，尽管有波动，我们不知道具体是多少，但在可以预测的未来，由于 ROE 水平不可能无限提升，无风险利率水平也不太可能像日本那样超常规搞负利率，那么，SQRT（ROE÷r）显然是有一个最大值，SQRT（r÷ROE）显然是有一个最小值。或者至少 SQRT（ROE÷r）在通常情况下应该有一个最大值，SQRT（r÷ROE）在通常情况下应该有一个最小值。

那么，好!

因为我们已经在逻辑上和现实中确信了沪深 300 指数 PB 应该大于100%，且 SQRT（r÷ROE）在通常情况下存在一个最小值，那么根据 pr=PB×SQRT（r÷ROE）的变换，三率平方根 pr 肯定存在一个理论上的下限。

同样地，因为我们已经在逻辑上和现实中大概确信了沪深 300 指数 PE×r 应该小于 100%，且 SQRT（ROE÷r）在通常情况下存在一个最大值，那么，根据 pr=PE×r×SQRT（ROE÷r）的变换，三率平方根 pr 肯定存在一个理论上限。

这一番"烧脑"的推理，并不是为了炫耀，而是提供了三率平方根创设的必要性的重要补充。

从重置成本法下的市净率的角度，我们确信存在一个下限，却难以证明这一折溢价率存在一个上限；从未来现金流折现法下的市盈率与无风险利率之积的角度，我们确信存在一个上限，却难以证明这一折溢价率存在一个下限。而从中庸之道的三率平方根的角度，我们不仅可以基本证明 pr 存在一个下限，也可以基本证明其存在一个上限。

前文讨论过 A、B 两家公司的估值，现在我们把讨论的公司拓展到 4 家，其中，C 公司的每股净资产与 A 公司相同，每股盈利则是 A 公司的两倍（但与 B 公司相同），D 公司的每股净资产与 B 公司相同，每股盈利则是 B 公司的一半（但与 A 公司相同），则更容易发现三率平方根这一分析视角的内洽性和合理性。如表 1-3 所示。

表 1-3　不同公司折溢价率对比——完整版

公司	股价 P（元）	BPS（元）	EPS（元）	r（%）	PR=PB（%）	PE×r（%）	pr=SQRT（PB×PE×r）（%）
A	20	10	2	2.45	200	24.5	70
B	20	5	4	2.45	400	12.25	70
C	28.28	10	4	2.45	283	17.3	98.98
D	14.14	5	2	2.45	283	17.3	98.98

首先，不难看出，C 公司与 D 公司其实是完全等价的，因为只要对 C 公司进行一次 1 送 1 的股份拆分，就可以得到 D 公司，所以 C、D 两公司的各种估值指标不应有任何差异。而表 1-3 的确符合这一内在要求：无论是 PB，还是 PE×r（以及其中的 PE），以及 pr=SQRT（PB×PE×r），C、D 公司都完全一致。

其次，C、D 两公司与 A 公司、B 公司的价格差异是合理的。相对于 A 公司而言，C 公司尽管每股净资产相同，但由于每股盈利多 1 倍，所以价格更高一些（体现为 $\sqrt{2}$ 倍）是合理的；相对于 B 公司而言，C 公司尽管每股盈利相同，但由于每股净资产多 1 倍，所以价格更高一些（体现为 $\sqrt{2}$ 倍）也是合理的。当然，由于 D 公司和 C 公司的本质相同，D 公司与 A 公司、B 公司的价格差异也是合理的。

最后，C 公司对于 A 公司的价格差异，同样可见于 D 公司对于 B 公司。尽管每股净资产相同，但由于 C 公司每股盈利是 A 公司的 2 倍，所以 C 公司的价格是 A 公司的 1.414 倍。而在 B、D 公司的比较中，每股净资产依然相同，盈利高 1 倍的公司的价格依然是对标公司的 1.414 倍。不仅如此，C 公司对于 B 公司的价格差异，同样可见于 D 公司对于 A 公司。

上述的讨论，尽管不足以证明三率平方根折溢价率是唯一科学正确的估值讨论基础（这一点可以留待进一步探讨），但至少可以证明三率平方根折溢价率是可信的估值讨论基础，具有很好的自洽性，且在很大程度上摆脱了传统估值指标（PB、PE）的局限。

科学的交易应当建立在对价格特征的充分把握的基础上。离开对交易标的价格特征的充分把握，评判单笔或者多笔交易的得失，无异于刻舟求剑。

因此，在价值投资之旅的原点，我们必须先找到能够反映价格特征的指标，并且努力证明其科学性。三率平方根所表征的折溢价率（pr）的上下限的存在及其略显粗糙的证明，就是其构成有效价格特征的努力尝试。

倘使对于我们所投资的标的，连折溢价率上下限的存在都无法确信及证明，又从何判断交易的得失呢？多低的买入价都可能怀疑还有更低的，多高的卖出价都可能怀疑还有更高的。由上文的剖析论证可知，三率平方根折溢价率也许是目前我们所知的最具逻辑可靠性的价格特征表征工具了。

而正基于上述两方面的理由——排除 ROE 波动的干扰和可以有效证明存在上下限，所以建议大家采纳并运用 pr=SQRT（PB×PE×r）这一折溢价率指标，并逐渐熟悉它的中文名"三率平方根"。

补充与小结

本节再对三率平方根这一折溢价率（pr）进行必要的补充和小结，以便更好地开展第二章关于交易系统的讨论。

有观点认为，对于二级市场的运行，还有一个高频指标也有明确的影响力，那就是人民币汇率。诚然，随着对外开放程度的扩大，人民币美元汇率在短期乃至长期看对 A 股市场产生了一些影响，从图 1-13 中可以看出，尽管存在一定的期限错配，尽管不能做到一一对应，但大体上沪深 300 指数折溢价率 pr（粗线）的高点总出现于人民币相对于美元的汇率（细线）处于升值峰值的时机，沪深 300 指数折溢价率 pr 的低点总出现于人民币相对于美元的汇率处于贬值的时段。

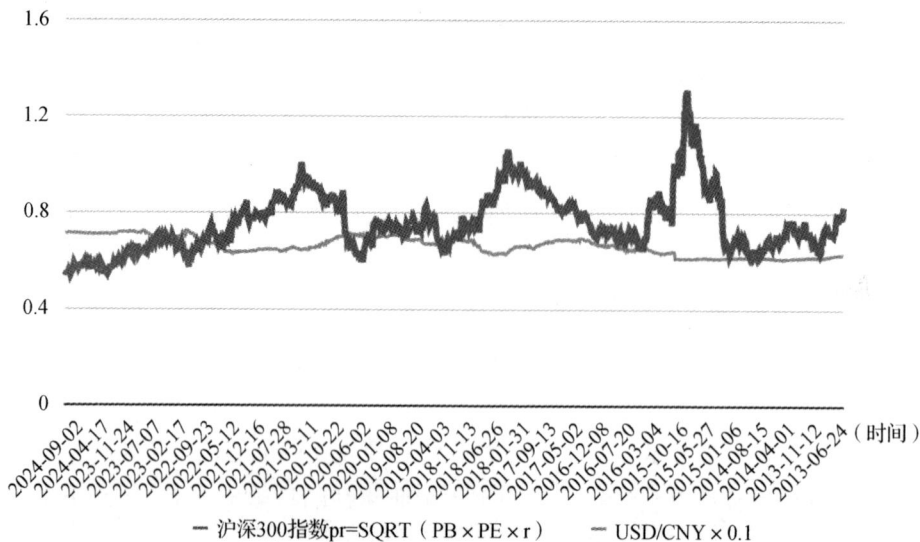

图 1-13　沪深 300 指数 pr 与人民币美元汇率走势

资料来源：同花顺 iFinD、CFETS。

而且从近年来沪深 300 指数日内走势的观察中不难发现，盘中人民币对美元汇率的升贬值也会与沪深 300 的走势构成一定程度上的联动。

以上长周期以及短周期的观察，都说明人民币汇率确实在一定程度上影响着以沪深 300 指数为代表的 A 股折溢价率。

但这是否意味着，我们应该放弃以人民币计价转而以美元计价的方式，对沪深 300 的折溢价率进行分析判断呢？其实不然。如图 1-14 所示，尽管将人民币对美元汇率因素剔除后的沪深 300 指数的三率平方根折溢价率与原始的沪深 300 指数的三率平方根存在些微的差异，但这一差异其实并不大，并没有给沪深 300 指数的三率平方根引入新的运行特征。

所以，我们对于沪深 300 指数 pr 以及其所表征的大盘估值水平波动特征的分析，完全没有必要过度地纠结于汇率这一隅。在长周期的回溯分析中，汇率仅仅是影响折溢价率的其中一个影响十分有限的因子而已。A 股的估值波动，自有其丰富的内容和表达。

此外，单从数量级上，我们也能得到类似的印证。沪深 300 指数的三率平方根折溢价率大体上有接近三倍的上下限差异（极值分别见于 2015 年 6 月 8 日的 131.31% 和 2024 年 9 月 2 日的 53.72%），而人民币对美元汇率 10 年来仅有 20% 左右的波动幅度。由于图 1-13 并未显示出"四两拨千斤"的

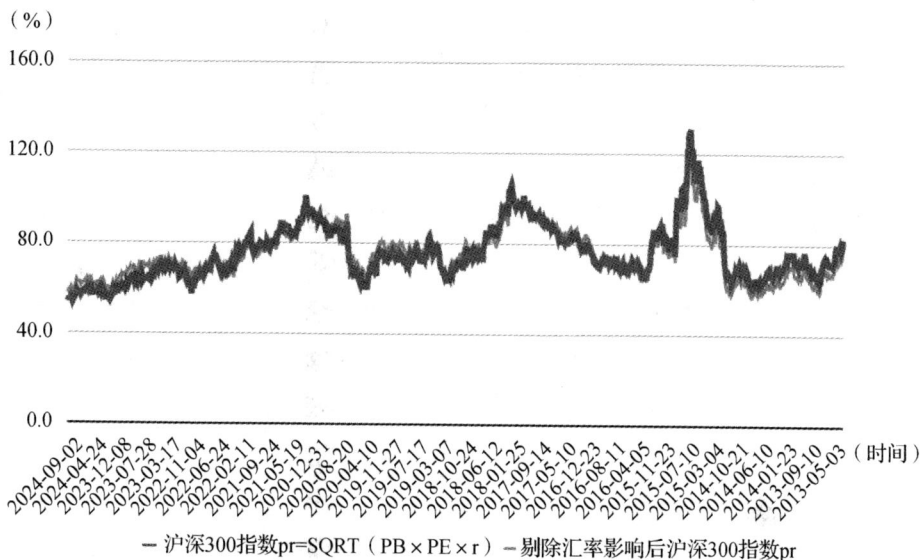

（%）

160.0

120.0

80.0

40.0

0.0

2024-09-02　2024-04-24　2023-12-08　2023-07-28　2023-03-17　2022-11-04　2022-06-24　2022-02-11　2021-09-24　2021-05-19　2020-12-31　2020-08-20　2020-04-10　2019-11-27　2019-07-17　2019-03-07　2018-10-24　2018-06-12　2018-01-25　2017-09-14　2017-05-10　2016-12-23　2016-08-11　2016-04-05　2015-11-23　2015-07-10　2015-03-04　2014-10-21　2014-06-10　2014-01-23　2013-09-10　2013-05-03（时间）

— 沪深300指数pr=SQRT（PB×PE×r）－剔除汇率影响后沪深300指数pr

图 1-14　沪深 300 指数 pr 汇率因素剔除影响对比

互动关系，且两组数值之间的相关系数为 -44.13%。综合来看，汇率因素不足以单独构成对于大盘折溢价率的显著影响。

如前所述，"如无必要，勿增实体"。因此，并没有必要将人民币对美元汇率作为观察沪深 300 指数折溢价率的一个单独指标，将其作为影响大盘运行的若干个重要的内在影响因子之一加以考虑即可。至于 GDP 增速、GDP 平减指数等其他可能影响 A 股估值波动的因素，经过类似的定量分析后也能得到和汇率相类似的结论，自然做同一处理。

在必要的补充讨论后，我们有必要简要回顾本章的核心观点：

第一，我们认为，至少对于价值投资者而言，判断交易科学与否的标准应该建立在对交易标的价格特征的有效认知的基础上。

第二，通过对估值指标的梳理，不难发现，相对于市净率、市盈率这样的传统估值指标而言，判断高抛低吸的标准应该隐藏于背后的标的资产的折溢价率（PR=P÷FV）。

第三，从重置成本法的角度看，标的资产的折溢价率刚好等于其市净率（PR=PB）；从未来现金流折现的角度看，理想标的资产的折溢价率应该等于市净率与无风险利率之积（PR=PE×r），而不是单纯的市盈率。或者说，有资格与 PB 等量纲的是 PE×r，而不是 PE。

第四，基于中庸之道的 pr=SQRT（PB×PE×r）这一"三率平方根"，不仅可以有效整合重置成本法视角的市净率、未来现金流折现法视角的市盈率与无风险利率之积的优势，而且可以在技术上屏蔽 ROE 短期波动或者长期改变的影响，并且理论上兼具上限和下限。这使三率平方根折溢价率 pr 不仅具有了更为广阔的适用空间，而且更容易把握其震荡特征。

第五，虽然人民币对美元汇率等因子对 A 股的估值波动具有一定的影响，但至少目前的数据分析显示，无须将其作为一个特殊的变量加以特别考虑。

正是上述五点，使我们规划科学的交易体系逐渐成为现实可能。

第二章 次优的交易系统

沪深 300 净收益指数

众所周知的是，华泰柏瑞沪深 300ETF（代码：510300；以下简称"沪深 300ETF"）是全市场份额最大、成交最活跃的沪深 300ETF 指数基金，其官宣的对标指数是沪深 300 的价格指数（000300.SH 或 399300.SZ），如图 2-1 所示。

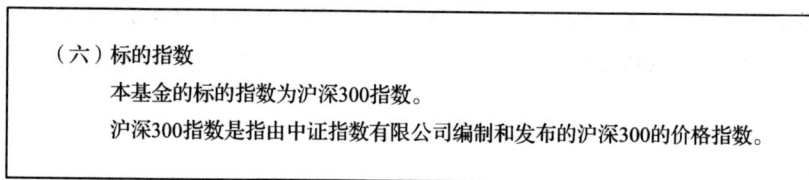

> （六）标的指数
> 　　本基金的标的指数为沪深300指数。
> 　　沪深300指数是指由中证指数有限公司编制和发布的沪深300的价格指数。

图 2-1　华泰柏瑞沪深 300ETF 标的指数官方声明

《华泰柏瑞基金管理有限公司华泰柏瑞沪深 300 交易型开放式指数证券投资基金更新的招募说明书》（2024 年第 1 号），第 69 页。

但如果我们回顾 2012 年 5 月 28 日以来沪深 300ETF 的价格走势与 000300 指数的点位走势，却发现有一个小而清晰的"剪刀差"存在，并且为基金的定期报告所明确承认。

如图 2-2 所示，随着时间的推移，沪深 300ETF 与其业绩基准收益率间有逐步积累的"剪刀差"，2012 年 5 月 4 日至 2024 年 6 月 30 日已有约 25 个百分点的差额（需要特别提示的是，出于绘图习惯的差异，该图时间轴最左侧为远端，最右侧为近端，与笔者在本书中的作图习惯布局刚好相反）。

如果我们自行进行进一步的数据分析，这一逐步扩大的"剪刀差"的趋势性特征更为清晰，如图 2-3 所示。

注：图示日期为2012年5月4日至2024年6月30日。

图2-2　基金定期报告中关于累计净值增长率与同期业绩比较基准收益率的揭示

《华泰柏瑞沪深300交易型开放式指数证券投资基金2024年中期报告》，第7页。

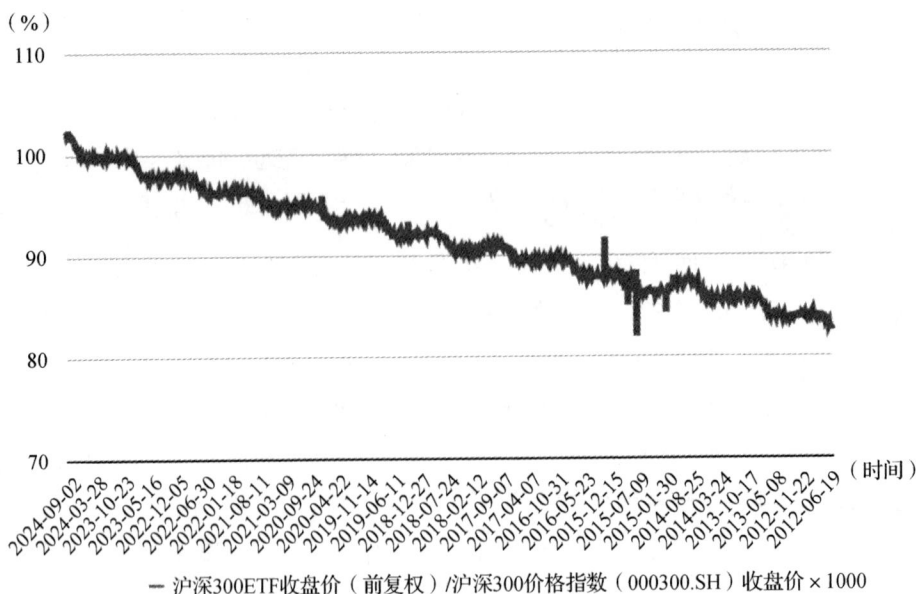

图2-3　沪深300ETF收盘价与沪深300价格指数点位比值

忽略那些与此处内容关系不大的毛刺和极值（暂且留待后续专门讨论），两者的比值整体上呈现趋势性的增长，2012年5月28日至2024年9月2

日，两者比值从期初的 82.5% 提升至 102.0%，大约提升了 19.5 个百分点。而在大体匀速的趋势性增长中，比值基本呈现平台稳定期和快速跃迁期的交替格局。

对于这一趋势，最容易想到的解释是基金的管理人找到了一个能够稳定获取超额收益的渠道，如融券利息、大宗接盘限售股之类，从而低风险地长期获得管理超额收益。但这一解释显然与平台稳定期和快速跃迁期交替的格局不太吻合。更可能的解释应该是一种周期性出现的因素。

几番排查，我们最终把目光聚焦在指数编制规则带来的内在漂移中。

根据中证指数有限公司发布的《沪深 300 指数编制方案（2023 年 9 月）》，"凡有样本除息（分红派息），沪深 300 指数不予修正，任其自然回落"[1]。然而，510300ETF 却会将这部分分红记为净值的一部分，并通过定期实施的 ETF 分红分配给持有人，从而导致在前复权视角下，ETF 价格与指数点位出现了系统性的偏差。

2012 年以来，沪深 300ETF 已经累计实施分红 12 次，累计分红金额 0.669 元，分红比例累加值 18.61%（见表 2-1）[2]。这一分红比例累计值与图 2-3 所反映的 2012 年 5 月 28 日上市以来直至 2024 年 9 月 2 日区间累计的约 19.5 个百分点的比值提升，极为接近。

表 2-1 沪深 300ETF 历年分红情况统计

收益分配基准日	单位分红（元）	基准日单位净值（元）	分红比例（%）	派息日
2023-12-31	0.0690	3.5009	1.9709	2024-01-23
2022-12-31	0.0640	3.9358	1.6261	2023-01-19
2021-12-31	0.0750	5.0162	1.4952	2022-01-24
2020-12-31	0.0720	5.2842	1.3626	2021-01-21
2019-11-22	0.0620	3.9129	1.5845	2019-12-16
2018-12-31	0.0590	3.0699	1.9219	2019-01-21
2017-12-31	0.0460	4.0774	1.1282	2018-01-26

[1] 中证指数有限公司：《沪深 300 指数编制方案（2023 年 9 月）》，第 6 页。
[2] 历次分红比例简单累加算得，仅具数量级上的参考意义。

续表

收益分配基准日	单位分红（元）	基准日单位净值（元）	分红比例（%）	派息日
2016-12-31	0.0550	3.3654	1.6343	2017-01-26
2015-12-31	0.0510	3.7831	1.3481	2016-01-25
2014-12-31	0.0350	3.5693	0.9806	2015-01-23
2013-12-31	0.0480	2.3786	2.0180	2014-01-27
2012-12-03	0.0330	2.1420	1.5406	2012-12-24
合计	0.669			

资料来源：同花顺 iFinD。

这近乎直白地暗示我们，恐怕分红才是问题的根本所在。

事实上，《沪深 300 指数编制方案（2023 年 9 月）》对此有明确揭示。方案中明确刊载："沪深 300 全收益指数、沪深 300 净收益指数与价格指数的区别在于样本公司发生分红派息时沪深全收益指数、沪深 300 净收益指数的点位不会自然回落""沪深 300 全收益指数、沪深 300 净收益指数在样本除息日前按照除息参考价格予以修正"。[①]

一个角度的估测似乎也能佐证这一结论。2012 年 5 月 28 日沪深 300ETF 上市以来，12 年间 ETF 与价格指数之间累计了 20% 左右的偏差，年化可以估测为 2%。如果我们考虑到沪深 300 指数整体的 ROE 为年化 10% 左右，现金分红比例整体在 20% 左右的话，这与年化 2% 左右的偏差也基本吻合。

并且，由于样本股的分红并不是同一天实施的，因此，在陆续的分红过程中，沪深 300 净收益指数、全收益指数不停地进行修正，于是形成了所谓的"毛刺"现象。

因此，我们几乎可以明确，对于沪深 300 指数的长期回报基准的刻画，其实 000300 这一沪深 300 价格指数并不是一个非常理想的工具，应考虑其他优化方案。

那究竟是选用全收益指数（H00300.SH）还是净收益指数（N003000.SH）

[①] 中证指数有限公司：《沪深 300 指数编制方案（2023 年 9 月）》，第 5—6 页。

呢？理论上看，两者的区别在于全收益指数并不剔除分红可能的税负，而净收益指数考虑了这一点，并将其从指数点位中剔除。由于机构投资者、个人投资者之间存在是否缴纳分红税负的区分，两个收益指数很难说谁优谁劣。理论上，沪深300ETF作为机构投资者的产品，全收益指数（H00300.SH）似乎更好一些，但还是用数据验证一下为好。

沪深300全收益指数（H00300）、净收益指数（N00300）以及通常所见的价格指数（000300）与沪深ETF（510300，前复权）之间的累计偏离情况，如图2-4所示。很明显，不管是全收益指数（H00300），还是净收益指数（N00300），其偏离情况都远远优于价格指数（000300，靠上细线），这与我们上述的剖析可以相互印证。

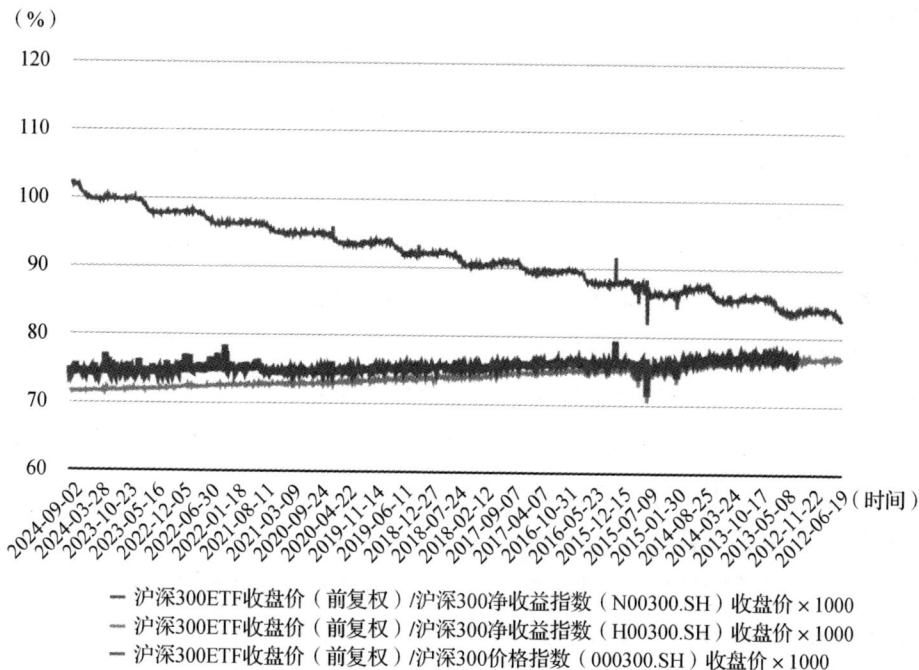

　　— 沪深300ETF收盘价（前复权）/沪深300净收益指数（N00300.SH）收盘价×1000
　　— 沪深300ETF收盘价（前复权）/沪深300净收益指数（H00300.SH）收盘价×1000
　　— 沪深300ETF收盘价（前复权）/沪深300价格指数（000300.SH）收盘价×1000

图2-4　沪深300全收益、净收益、价格指数与ETF偏离情况——前复权

但两者之间，相对来说偏离更小的指数却是沪深300净收益指数（N00300.SH，中间粗线）。较之510300ETF，沪深300净收益指数11年累计偏离约3%，年化偏离0.3%不到，已经比较令人满意了。

为什么理论上更为贴合的全收益指数（H00300.SH，靠下细线）却没有能够胜出呢？笔者认为，这可能是因为造成指数与ETF间剪刀差的因素并不仅仅是分红一项，还有其他细微因素，如管理费之类。这就好比两名神枪手用同一把枪进行射击，如果枪本身的瞄准系统是居中无偏的，则瞄得准的神枪手射击成绩更好；但如果枪的瞄准系统带有偏差，那么就不一定是瞄得准的神枪手胜出，也许枪手习惯性左偏、枪具瞄准线右偏，反而更能正中靶心呢！

就本书的讨论而言，我们觉得现有的年化 0.3% 的偏离已经可以接受了，所以不打算继续进行原委的深度探究和数据的精细校正了；同时，秉承着实用主义思维，采纳沪深 300 净收益指数作为沪深 300ETF 的实际基准指数。

同时，笔者对于图 2-4 中净收益指数（以及全收益指数）相对于沪深 300ETF 的比值并不是在 100% 附近始终存疑，不得不额外多探究一二。

其实背后的原因也很简单，由于指数的编制发布特点，其在逐日发布后无法进行复权操作。因此，类似沪深 300 净收益指数、全收益指数的"修正"指数，只能采取类似"后复权"的方式进行修正，并且具体而言是以现金分红的方式进行修正。而沪深 300ETF 的净值，一般会习惯性采用前复权的方式取数。前后复权之间，造成了系统性的偏差。想要解决也不难，指数无法前复权，就将沪深 300ETF 的净值，改用后复权的方式取数。

图 2-5 部分验证了这一想法，但仍有不足，图像最右侧 2012 年时的比值虽然从 80% 不到提升至超过 90% 了，但距离 100% 仍有一定缺口。

原因并不复杂，净收益、全收益指数的基期是 2004 年 12 月 31 日，距离 2012 年 5 月 28 日沪深 300ETF 首个上市交易日，已经积累了将近 8 年的分红修正偏差，而这个偏差没有办法进一步事后"修正"了。

同时，我们需要关注到一个细节，即尽管沪深 300（价格）指数、沪深 300 净收益指数、沪深 300 全收益指数由于分红修正的不同，点位有所差别，但行情软件中发布的市净率、市盈率数值却是一样的（感兴趣的读者可以自己下载数据验证，个别时日的细微差别，应是数据瑕疵或者取数方法的误差）。

背后的原因应该是技术性的。因为市净率、市盈率的发布是基于当日市场上现实股票的情况而统计计算的。价格指数的市净率、市盈率是真实准确的；但收益指数却无法进行修正，如果勉强进行修正，就需要在分母上添加上分红的金额。假想一种极端情形，如果随着分红的逐步积累，未来的收益

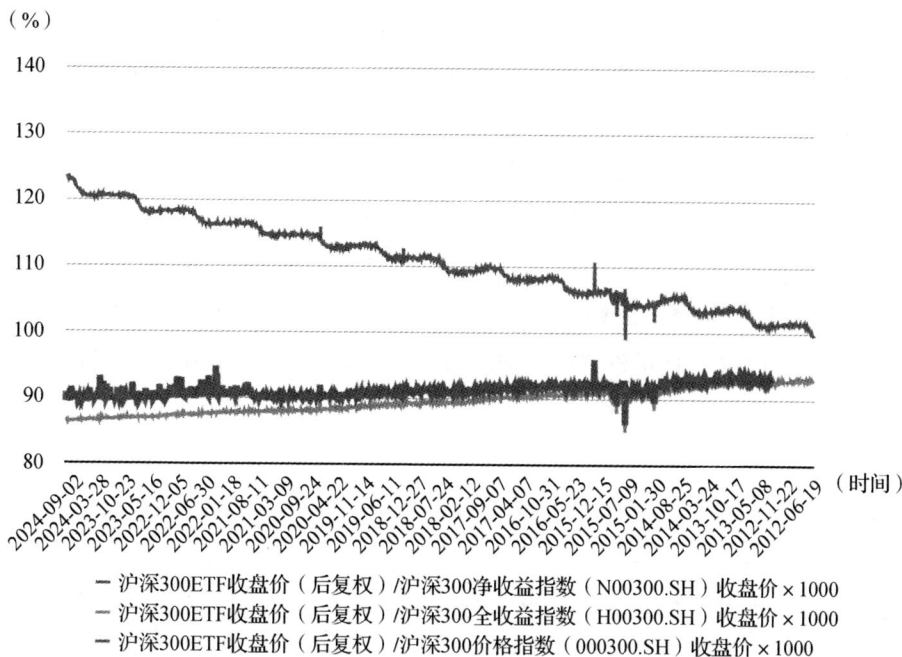

（%）

— 沪深300ETF收盘价（后复权）/沪深300净收益指数（N00300.SH）收盘价×1000
— 沪深300ETF收盘价（后复权）/沪深300全收益指数（H00300.SH）收盘价×1000
— 沪深300ETF收盘价（后复权）/沪深300价格指数（000300.SH）收盘价×1000

图 2-5　沪深 300 全收益、净收益、价格指数与 ETF 偏离情况——后复权

指数和价格指数差距进一步扩大（比值意义上），就会导致市净率、市盈率指标严重缩小甚至趋近于 1，从而无法表征市场的估值情况。

如果我们回归初心，指数的点位是为了便于比较投资前后的盈亏情况，那么收益指数的修正是正解；而市净率、市盈率是为了评估当前、比较历史甚至预测未来的估值情况，则最符合评估时点实际的价格指数的市净率、市盈率才是有效方法。这一略显矛盾的解决方案，其实已经是笔者所能想象的所有解决方案中最好的办法。我们所讨论的沪深 300 净收益指数、全收益指数其实是个"缝合怪"，这个"缝合怪"更有用、更顺手。我们在使用时，应"知其然更知其所以然"。

有鉴于此，当我们讨论 fr 折溢价率时，由于其是根据市净率、市盈率以及无风险利率直接计算而得的，和指数点位无关，所以无需刻意区分沪深300（价格）指数、沪深 300 净收益指数和沪深 300 全收益指数，因为结果都一样。但当我们讨论 fv 公允价值时，由于其系利用指数点位和折溢价率间接计算而得，就需要明确具体的指数了。

在此赘述三条认知。

第一，前面的简单分析中其实已表明，ETF价格与指数点位的偏离还有其他潜在的基金管理上的因素，但收益指数与价格指数的编制规则层面的差异，足以构成解释基准指数与ETF净值偏离的主要原因。在投资的回溯分析研究中，没有必要追求完美地解决所有的偏差，大体不影响我们的投资分析就足够了。这种实用主义的做派建立在深刻的洞察和认知之上。

第二，市场很多权益类投资的基金，喜欢用沪深300指数作为业绩比较基准或者业绩比较基准的组合部分，但往往选用的是价格指数000300。如前所见，价格指数与真正的基准之间可能有年化2%左右的偏离。换句话说，其收益水准与真正的业绩基准间可能预留了2%左右的制度性"隐性红包"。虽然基金管理人的初衷也许是000300价格指数更容易为公众获知，但并不是所有的基金都像沪深300ETF标明其业绩基准是价格指数，从而将这一"隐性超额"更深地潜藏起来。

我们在探讨一只基金的长期超额收益能力时，需要对此加以足够的重视。最好的办法莫过于将业绩比较基准中的价格指数手动替换成净收益指数（当然需要付出一些劳作）；或者简单一点，将超额收益水平额外剔除年化2%左右的"隐性红包"。

在此，笔者建议后续新发的基金，如果需要以沪深300为参照，不妨将自己的业绩比较基准设置为沪深300净收益指数。

第三，在图2-3、图2-4、图2-5中，指数与ETF间的偏离，除反复出现的毛刺外，还有少量突兀的尖峰比较引人注目，需要向大家解释说明一下。这些尖峰往往是出现在千股涨停或者千股跌停的极端行情下。其成因如下：指数的成分股由于已经达到涨跌停价格而无法继续改变价格，但由于并不是所有成分股均已涨跌停，所以ETF并未涨跌停，投资者的买入或者抛售意愿，进一步推高或者打压ETF的价格，导致出现短时的较大幅度的偏离。当然，如大家所见，这一异常偏离将迅速消失。

以上的分析，其实回答的仅仅是一部分问题，即在000300、H00300、N00300间，为何选择了沪深300净收益指数N00300作为参照。如果要把N00300最终确立为价值投资的参照系，还需要进一步回答为什么不选用其他宽基指数。

其实这既是一个主观偏好的结果，也是一个客观比选的结论。主观地看：从市场认可度的角度看，当然需要选择一个广泛认知、充分交易的宽基指数，沪深 300 指数诞生至今已有近 20 年历史，是全市场最重要的大盘蓝筹指数；从定价有效性的角度，最好选择一个有着丰富衍生品的指数，沪深 300 指数既是股指期货的标的，也是股指期权和 ETF 期权跟踪的标的；从市场影响力的角度看，沪深 300 指数样本覆盖了沪深市场六成左右的市值，二级行业覆盖面超过 80%，具有良好的市场代表性。拥有以上特质的沪深 300 指数当然是投资参照性的有力竞争者。

客观地来比选，沪深 300 指数更是具有其他宽基指数难以匹敌的特质和投资价值。在此，我们不妨将上证 50、中证 500 这两只宽基指数与沪深 300 指数进行一次深度对比。至于深 100 指数和上证 180 指数，由于沪深 300 的成分股大多数与两者高度重合，就不用纳入比选，显然跨市场集成的沪深 300 指数更具有代表性。至于创业板指、上证综指、深证成指等其他指数更无需考虑了。

由于沪深 300 指数选择的是净收益指数 N00300，所以对于同台竞技的其他两只宽基指数，有净收益指数的也应选用净收益指数。具体来说，上证 50 选择 N00016 净收益指数，中证 500 选择 N00905 净收益指数。

首先，我们比较 3 只宽基指数的公允价值增长。根据 $fv=P \div SQRT$ （$PB \times PE \times r$）的计算公式，分别计算 2013 年 2 月 18 日以来 N00300（沪深 300 净收益指数）、N00016（上证 50 净收益指数）、N00905（中证 500 净收益指数）的公允价值，并进行基期归一处理，如图 2-6 所示。

不难看出，在 11 年的时间跨度里，N00300 指数与 N00016 指数几乎保持了同步的公允价值增长，而 N00905 指数在 2009 年以前也与前述两指数基本一致，2021 年发生了异常上涨，但随后带来了一次较大幅度的回调。综合来看，3 只宽基指数的公允价值长期增长的速度并无实质差异，但 N00905 的增长的稳定性略弱一些。

我们继续比较 3 只宽基指数的折溢价率波动。如图 2-7 所示，N00300 指数折溢价率（中间，粗线）长期略高于 N00016 指数（靠下，细线）的同时，也基本与之保持同频共振。而 N00905 指数的折溢价率（靠上，细线）显著高于 N00300 和 N00016。正如第一章所讨论的那样，在 $pr=SQRT$ （$PB \times PE \times r$）的算法下，其实更高的公允价值增长速度并不应带来更高的折溢价率，那么，考虑到 N00905 剔除 2021 年的特殊情况外，其公允价值的增长并没有显著优势，那么 N00905 的显著高企的折溢价率似乎就更加难以接

（％）

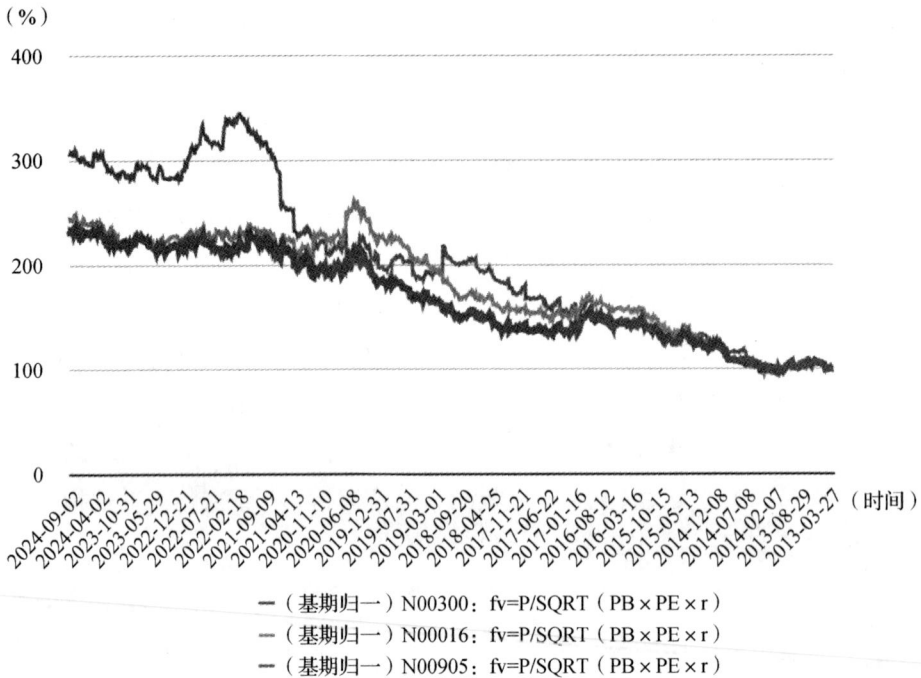

—（基期归一）N00300：fv=P/SQRT（PB×PE×r）
—（基期归一）N00016：fv=P/SQRT（PB×PE×r）
—（基期归一）N00905：fv=P/SQRT（PB×PE×r）

图2-6 主要宽基指数公允价值增长走势比较

（％）

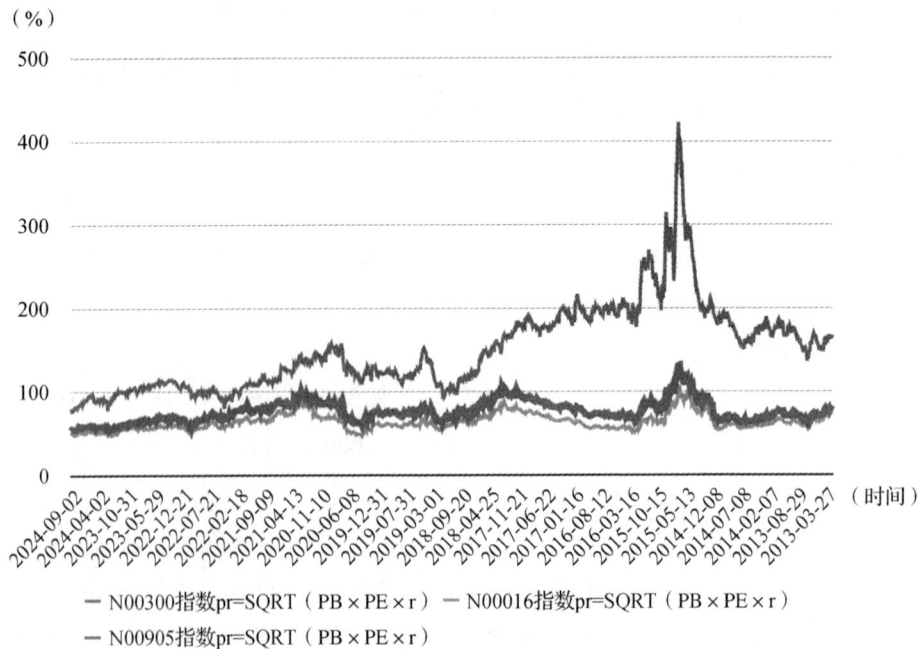

— N00300指数pr=SQRT（PB×PE×r） — N00016指数pr=SQRT（PB×PE×r）
— N00905指数pr=SQRT（PB×PE×r）

图2-7 主要宽基指数折溢价率走势比较

受了。当然，N00905 指数折溢价率的弹性略高于 N00300 和 N00016，也是不可否认的事实。

同时，从 ROE=PB÷PE 的方法间接推算的 ROE 的角度来看，N00016 指数和 N00300 指数的 ROE 水平基本接近，在 12% 左右震荡；而 N00905 指数的 ROE 的震荡中枢仅为 8% 左右，稍逊一筹（见图 2-8）。至于为什么 ROE 水平更低的 N00905 却表现得 FV 价值增长快于另外两个指数，则另有原因，后文详细分析。

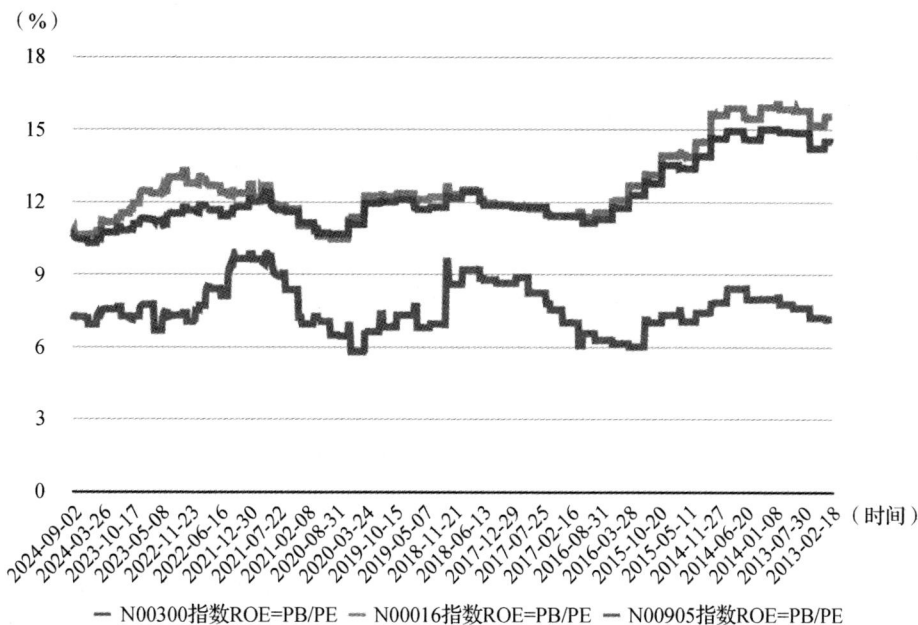

图 2-8 主要宽基指数 ROE 水平（间接法）比较

综合上述三个方面的比选，N00016 虽然公允价值增长、ROE 水平及折溢价率波动都与 N00300 差别不大，但由于其行业构成的过分偏重以及市场代表性的局限，自然比不过 N00300。而 N00905 尽管折溢价率的弹性较大，但其公允价值增长更大的波动性以及相对偏低的 ROE 水平、相对偏高的折溢价率水平使之黯然失色，加之价值投资的优选标的更多的是 N00300 成分股而不是 N00905 成分股，无疑使 N00300 略胜一筹。

尤其是近年来，随着沪深两市股票上市数量的显著增长，中证 500 净收益指数（N00905）所代表的股票群体特征也在发生着特征漂移，从早前的中盘股逐渐变换成次蓝筹，无疑使指数的长期一致性略有下降，这也算是选择

N00300 而不是 N00905 的一个补充理由吧。

此外，从国别比较的角度看，与广为人知的美国市场标普 500 指数、日本市场 N225 指数编成更为接近的也是 N00300 指数。这提供了 N00300 指数最终胜选的另一个重要补充理由。

当然，正如市场已经广泛关注到的那样：中证指数有限公司已于 2024 年 8 月 27 日公布，"为进一步丰富市场表征工具和投资标的，中证指数有限公司将于 2024 年 9 月 23 日正式发布中证 A500 指数"。

根据《中证 A500 指数编制方案》（2024 年 8 月，版本号 V1.0），在坚持选择市值较大、流动性较好、各行业最具代表性的蓝筹公司的基础上，中证 A500 指数是对沪深 300 指数的一次较大规模的优化，不仅成分股数量从 300 只提升至 500 只，而且在行业分布、ESG 评价靠后剔除等方面进行了编制规则的调整。乐观预期，中证 A500 指数将很有可能取得比沪深 300 指数更大的成功。

但"说到不如做到"，我们不妨多点耐心，等实际的数据以及回测的数据稍稍多积累一点，再去比较中证 A500 和沪深 300 间的优劣。

沪深 300 净收益指数的公允价值增长

既然有充分的理由将 N00300 指数确定为进行价值投资的参照系，那不妨细细地来看看 N00300 这个沪深 300 净收益指数，看它能提供怎样的参照指引。本节先讨论公允价值的增长态势。

图 2-9 较图 2-6 更为清晰地揭示了 N00300 指数公允价值的稳健增长。为了消除复利影响，我们将 N00300 指数的公允价值（fv）取自然对数后进行了线性拟合，其 R^2 可达 0.9391 的良好水平，这对于一个拥有将近 3000 个数据的序列而言，无疑是较为令人满意的，足以说明 N00300 指数公允价值的稳健增长是一件可认同的假设和一件值得期待的事情。短周期，我们至少可以认为 N00300 指数的公允价值基本保持不变；长周期，我们基本也可以接受其 8.3% 左右的年化增长，如图 2-10 所示。

同时，我们也需要探讨一下 N00300 指数公允价值稳健增长中多次出现的波动和逆行，因为背后的成因稍稍有点复杂，并且关系着对自定义的 pr（三率平方根折溢价率）和 fv（三率平方根视角的公允价值）的理解

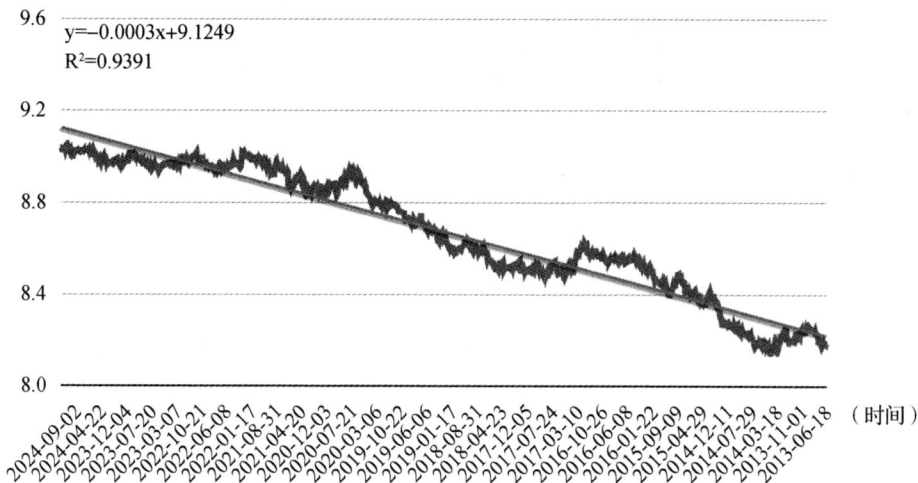

y=−0.0003x+9.1249
R²=0.9391

（时间）

图 2-9 取自然对数后 N00300 指数公允价值线性拟合

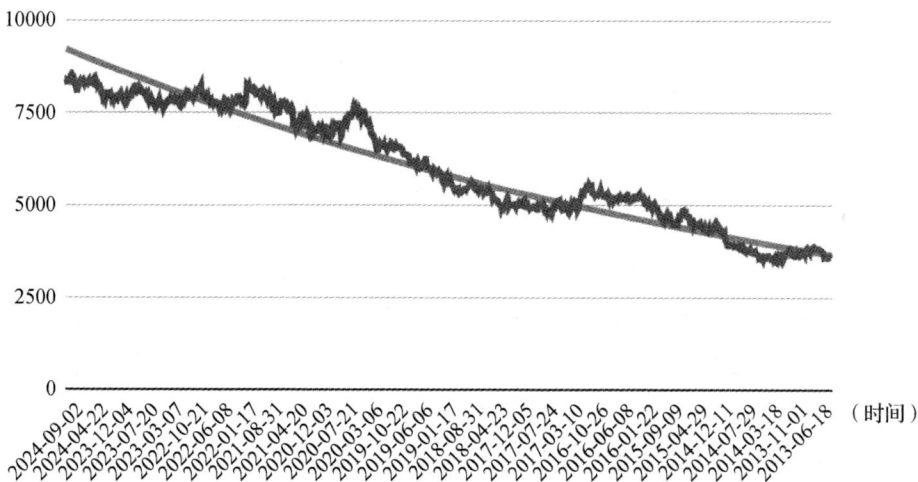

（时间）

— N00300fv=P/SQRT（PB×PE×r） — 年化增长8.31%拟合曲线

图 2-10 N00300 指数公允价值增长拟合

深度。

首先，基于 $fv = \sqrt{BPS \times (EPS \div r)}$ 的定义，经济形势波动导致的成分股 ROE 水平的整体下降（但继续实现盈利），对于 BPS 而言，仅仅是增速的放缓，最终影响有限；但对于 EPS 而言，将发生较为显著的下降，从而直接导致公允价值 fv 的回调。图 2-10 中发生在 2018 年和 2020 年的两次较为显著的 fv 回调，就可以从中获得解释。

其次，同样是基于式（1-5），即便 ROE 水平保持稳定，如若无风险利率水平 r 上行，则也会导致 N00300 指数 fv 的下行。细细对照图 2-11 和图 2-10 的走势，图 2-10 中发生在 2013 年和 2017 年的两次较为显著的 fv 回调，也可以从这一思路中获得解释。

图 2-11　国债到期收益率（10 年）走势

但除了这两点显而易见的原因，在沪深 300 指数编制规则的层面，还有更深层次的机理。根据《沪深 300 指数编制方案（2023 年 9 月）》，"依据样本稳定性和动态跟踪相结合的原则，每半年审核一次沪深 300 指数样本，并根据审核结果调整指数样本"，"一般在每年 5 月和 11 月的下旬审核沪深 300 指数样本，样本调整实施时间分别为每年 6 月和 12 月的第二个星期五的下一交易日"。[1]

由于沪深 300 指数代表着市值最大的头部公司，所以当定期进行指数样本调整时，只会"纳新＋吐故"，却不会"拔尖＋接庸"，这一点与中证 500 指数有显著的不同。中证 500 指数虽然也会在剔除不合格的样本的同时引入新成长的优质标的，但必须将其最优秀的样本上推至沪深 300 指数，并接纳部分从沪深 300 指数"退货"的上市公司。前者无疑对中证 500 指数更好，后者很可能不利于中证 500 指数成长。在两方面的因素共同作用之

---

[1] 《沪深 300 指数编制方案（2023 年 9 月）》，第 7 页。

下，使定期调整样本究竟对于中证 500 指数的影响是正面还是负面，难以简单评判。

而只有"纳新＋吐故"机制的沪深 300 指数，由此便获得了难以比拟的竞争优势，图 2-10 所展示的公允价值稳健增长便是其中之一。但由于市场总是倾向于给"好"公司更高的折溢价率，所以每年两度的样本调整时，调出的股票往往具有更低的折溢价率，新调入的成分股则往往具有更高的折溢价率。而从指数编制规则可知，"当样本名单发生变化或样本的股本结构发生变化或样本的市值出现非交易因素的变动时"，沪深 300 指数会进行必要的修正，以"保证指数的连续性"[①]。也就是说，沪深 300 指数点位不会因为样本调整而出现突变。

因此，结合 P=fv × pr 的公式，新的样本组合具有更高的折溢价率 pr 后，必须具有更低的公允价值 fv。这是导致 N00300 指数公允价值 fv 呈现定期的下行的深层次原因。图 2-10 中，连绵不绝发生的规模不大却始终存在的公允价值下行，其实原因就在于此。

有一个有趣的视角，可以辅助我们了解和认知样本股调整的影响。如第一章第四节所述，三率平方根视角下的公允价值（fv），其实和重置成本法视角下的每股净资产是等量纲的（见图 1-10）。样本股调整对于公允价值的影响，可以在每股净资产的视角得到更为清晰的揭示。

当我们采用重置成本法视角（即每股净资产）考量公允价值时，无风险利率的影响将不复存在，样本股整体 ROE 的波动将仅在长期维度具有较大影响而对短期视角影响甚微，导致每股净资产短期突发波动的，就只剩下样本股的定期调整了。

沪深 300 净收益指数 11 年来每股净资产的增长态势，如图 2-12 所示。可以看到，在图 2-9 中的公允价值的大幅波动消失不见了，仅剩下绵密的下调和持之以恒的上涨。上涨的原因很简单，毕竟沪深 300 指数作为宽基蓝筹指数，每个定期报告，整体上肯定是盈利的，因此推动 BPS 持续上行；而下调就是样本股定期调整的影响了。

[①]《沪深 300 指数编制方案（2023 年 9 月）》，第 5 页。

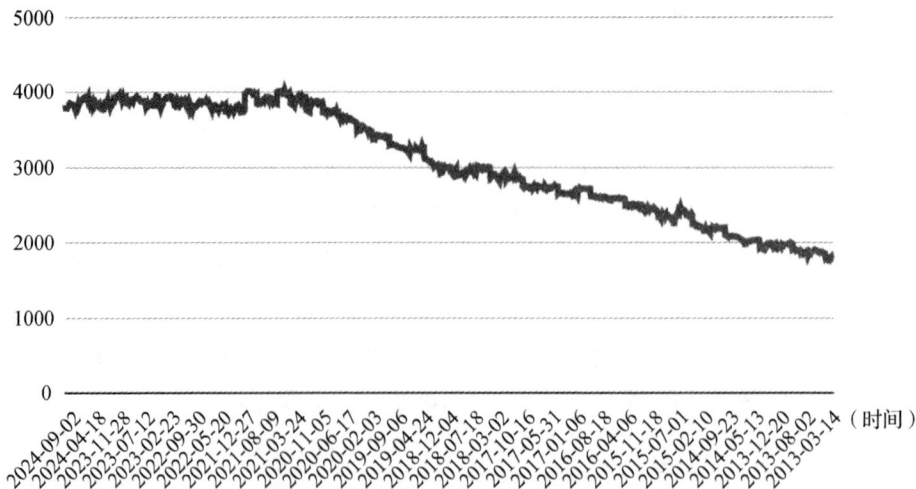

图 2-12 沪深 300 净收益指数 BPS 走势

在图 2-12 中一个显著的特征是沪深 300 净收益指数的每股净资产的增长规律，似乎在 2021 年后发生了显著的变化。2013~2020 年，增势显然更为可观；2021 年以后，基本上只能小幅增长了。

其实这进一步证明了上述 ROE 长期影响和样本股调整相互间的拮抗机制。不知道大家是否有印象，2021 年，沪深 300 指数的入选规则进行了一次大修：以前需要上市满 3 年才能入选沪深 300 指数的创业板股票，改为只需要上市满 1 年就可以了；并且对于符合样本空间条件且发行总市值排名在沪深市场前 10 位的非科创板和创业板的上市新发行证券，启用快速进入指数的规则，即在其上市第十个交易日结束后将其纳入指数。

这意味着，优质公司的股票将在更早期被调入指数，而这往往是在估值更高的时候被调入了，自然会引发更多的指数每股净资产下降（2021 年 12 月 13 日可见首次适用新规则形成的一次性"清晰"干扰印迹）。在样本股调整作用进一步增强的同时，叠加上沪深 300 净收益指数 ROE 水平下移的长期拉升作用的削减，共同形成了 2021 年至今的每股净资产大体恒定的状态。

但正如古语所言，"祸者福所倚""有得必有失"。正是由于沪深 300 指数样本股的定期调整，及时吐故纳新，才能永葆其公允价值的增长态势，使其具备了长期的安全性和更高的投资价值。宽基指数及其 ETF 投资的优越性正在于此，我们完全不必为此感到惋惜。

千万不要小瞧这个"吐故纳新"，如果不能顺利实施，将可能导致灾难性后果。标普香港创业板指数的 20 年走势如图 2-13 所示（请注意，最左侧为近期数据），由于缺少足够有效的吐故纳新机制，香港创业板用20 年的时间，"成功"地将 1000 点的基期点位，玩成了仅剩不到 20 点的零头。

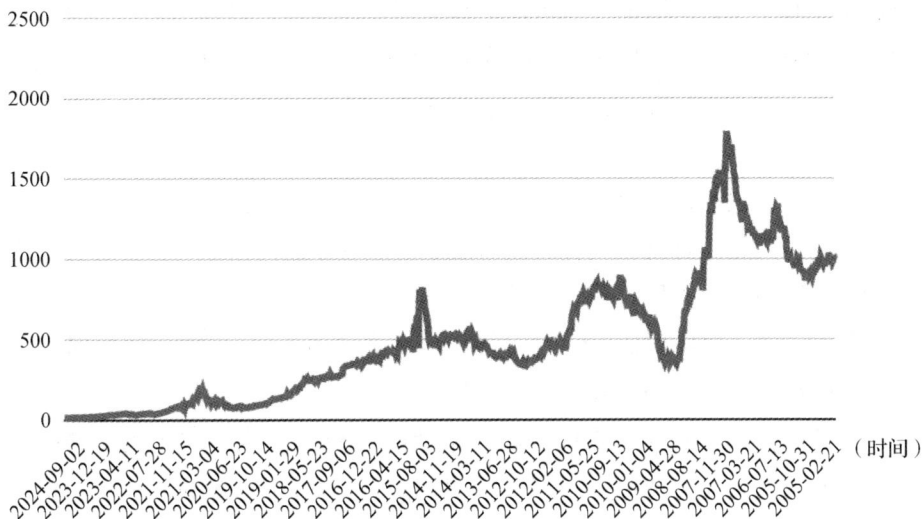

图 2-13　标普香港创业板指数走势

标普香港创业板指数的存在也提示我们，可能作为最终结果的指数点位（以及与之类似的个股或 ETF 的价格），并不具有单独的分析意义。真正有价值、有意义的分析及边际条件约束，往往潜藏在幕后，需要我们借鉴运用杜邦分析之类的思路，逐一刻画、解读、预判并加以整合。这正是本书的基础立论之一。

回到沪深 300 净收益指数的公允价值这个主线话题，如果我们想通过P=fv×pr 的恒等勾稽，给出价格 P 的可信预测，则必须对公允价值 fv 和折溢价率 pr 两个因子都给出靠谱的逻辑解析及预判依据。而单就公允价值 fv 这一点，我们已经知道其受到样本股整体 ROE 水平、无风险利率以及样本调整机制等方面的共同影响。那么，是否需要逐一拆解分析并综合形成可能的未来的预测呢？

依笔者浅见，如此更进一步地细致剖析，既难以实施也无其必要。难以实施的关键不在于如何将三个成因拆解开来，下点力气花点时间，总能有个初步的解决方案。真正麻烦的是，对于其中样本股的调整，完全无法进行未来的预测，谁能知道半年后、两年后哪些板块受宠、哪些板块低迷呢？那又如何预测样本调整的影响呢？样本调整的影响既然不可预测，那又如何综合形成预判呢？

从这个角度看，我们只能退而求其次，寻求"模糊的正确"，从整体上对沪深 300 净收益指数的公允价值进行刻画。但是，这时我们的"模糊的正确"，就不再是一头雾水的莫名其妙了，而是对于内部结构、协同拮抗机制有深刻了解之后的"观其大略"。这不再是"看山是山"，而是"看山还是山"了。

境界到了之后，我们再关注一个小的细节，以使我们对于沪深 300 净收益指数的"经无风险利率调整后的每股资产盈利"这一公允价值 fv，能够有更为全面深刻的认知和把握。

我们再次回顾审视一下式（1-5）给出的等价定义和图 2-9 所揭示的 N00300 指数的公允价值（fv）的增长态势。

如前所述，支撑沪深 300 净收益指数的公允价值能够在无风险利率波动的扰动和样本股调整的冲击下，呈现相对稳健增长态势的，是定期报告所带来的每股净资产和每股盈利的增长。尽管图 2-9 的曲线不是那么的光滑平整，但从长期看，显然每股净资产和每股盈利的增长是更为主导的力量。

由于上市公司每年只需发布四次财务报表，且一季报往往和上年年报差不多同时发布，则这种由于定期报告发布带来的上涨粗略观察其实一年也就三次而已，因此，我们要关心一下，这种间隔时间较长的数据冲击能否导致其间的数据严重失真、偏离，以及是否需要加以必要的修正处理。

众所周知，沪深 300 的成分股并不是在同一天发布财务报告。因此，我们可以考虑的处理方式是，人为指定每年 5 月的第一个交易日（年报及一季报发布完毕）、9 月的第一个交易日（半年报发布完毕）以及 11 月的第一个交易日（三季报发布完毕）的 N00300 指数的 BPS、EPS 是相对最为可信的基准日，基准日之间的 BPS、EPS 需要根据前后基准日的记录值进行线性插值修正，以求最佳地逼近真实情况。

结果如图 2-14、图 2-15 所示，我们千辛万苦地进行了这一修正后，发现对于 N00300 指数而言，其简单依据逐日录得 PE、PB 数值算得的公允价值 fv，与其修正值偏差并不甚大。

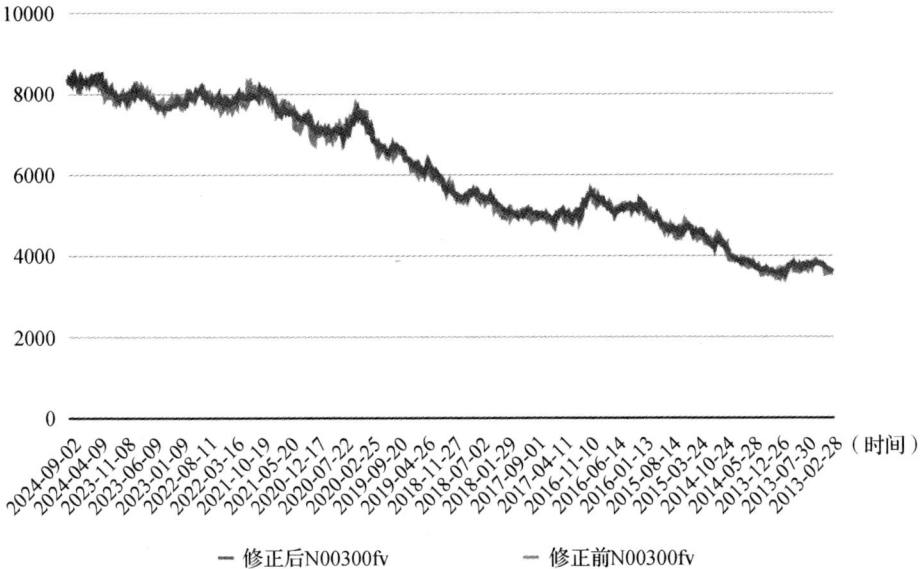

图 2-14 N00300 指数公允价值修正

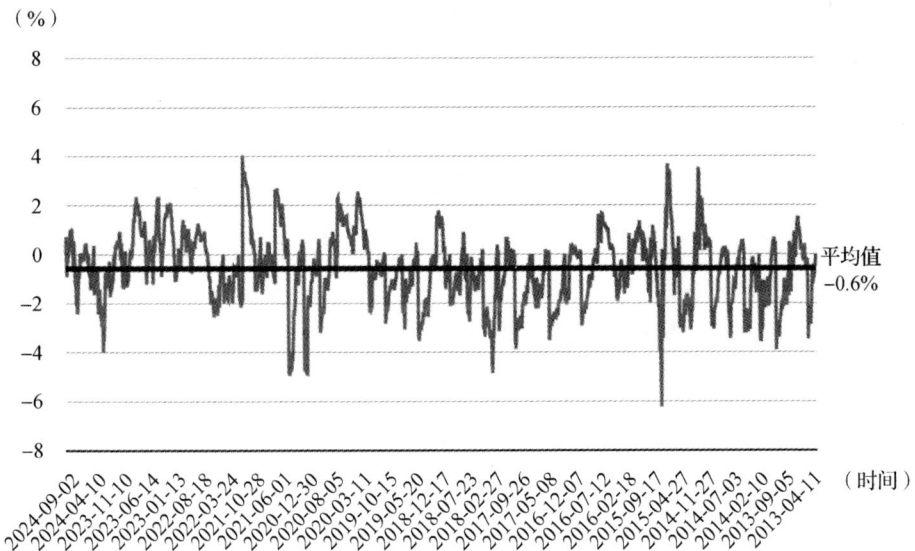

图 2-15 N00300 公允价值修正偏差

尤其是图 2-15，清楚地揭示了三点：正偏差与负偏差大体平衡，且随机分布；正偏差与负偏差的绝对值大多数情形不超过 4%，极值也不超过 6%；整体偏差均值约为 –0.6%。

从这个结果看，如果我们接受本节开篇关于"短周期，我们至少可以认为 N00300 指数的公允价值基本保持不变；长周期，我们基本也可以接受其 8.3% 左右的年化增长"这一归纳与认知，那么似乎在日常的数据处理中，没有必要对 N00300 指数因为财报定期发布造成的影响给予专门的修正。毕竟，对于短周期而言，修正的偏差平均值 –0.6% 不会对公允价值基本不变的假设构成干扰；而对于长周期而言，年化 8% 左右增长的影响力可以压倒这一干扰因素。

因此，本书中尽管认识到这一偏差的存在，但我们不对其进行修正，也算是一种"模糊的正确"吧。

简单小结一下，本节重点剖析了沪深 300 净收益指数（N00300.SH）在"经无风险利率调整后的每股资产盈利"这一视角下的公允价值 fv 的历史增长，对其三个内部影响因子——ROE 波动、无风险利率变化、样本股调整进行了下沉一级的探究，并对财报定期发布这一干扰因素的实质影响进行了定量分析，在此基础上，最终给出了相对可信的数学刻画：

短周期，我们至少可以认为 N00300 指数的公允价值基本保持不变；长周期，我们基本也可以接受其 8.3% 左右的年化增长。

不难看出，至少从公允价值的角度，N00300 指数真不愧为我们精心挑选出的价值投资的首选参照系！

公允价值的逐年稳健增长，既较好地符合了第一章第三节关于未来现金流折现法公允价值推算的前提假设，也符合价值投资者的本质投资诉求——标的资产价值随时间的可预期增长。作为一名真正的价值投资者，其对于标的资产内在公允价值的可预期增长的渴望，应该远远大于通过对资产价格波动进行交易可得的额外收益。

而从 $P = fv \times pr$ 的解析思路考虑，既然我们已经能够较为满意地给出对于沪深 300 净收益指数 fv 增长的数学刻画，那如果我们还能对其三率平方根折溢价率给出数学刻画，是否意味着我们有可能给出对沪深 300 净收益指数点位的数学刻画？

下一节，我们讨论这个问题。

沪深 300 净收益指数的折溢价率波动特征

在充分认可沪深 300 净收益指数公允价值的优良品质的基础上，我们进一步研判其折溢价率波动具有哪些令人惊喜、足可倚重的特征吧。如图 2-16 所示。

图 2-16　N00300 指数折溢价率波动

自 2013 年 2 月 19 日以来，在长达 11 年有余的漫长时间里，N00300 指数的折溢价率波动情况如图 2-16 所示。大体上围绕着平均值上下震荡，其中有折溢价率超过 100% 的明显高估的日子，但相对比较少。尤其是 2018 年初、2021 年初的两次估值尖峰，超过 100% 几乎就意味着牛市的顶点到来。

而以 11 年来的数据积累看，观察到的上限是 131.31%（产生于 2015 年 6 月 8 日），下限是 53.72%（产生于 2024 年 9 月 2 日），上下限比值大约为 2.44 倍。第一章曾经初步论证过，沪深 300 指数的折溢价率应该有一个理论的上限和一个理论的下限，并以此作为三率平方根视角相对于其他两种方案的优越性的证据之一。下面，我们尝试着估测一下上下限理论值可能的取值。

必须声明的是，下面的估测仅仅只是基于常态可能性的估测，并不能确切锁定沪深 300 指数折溢价率的严格上限和下限。在极端异常的市场条件下，并不能完全杜绝未来实际表现突破理论上下限估测值的可能。

首先，在过去的 11 年，如果采用 PB（MRQ）÷PE（TTM）的算法，N00300 指数的 ROE，从未低于 10%（见图 1–2）。那么，在可以预测的未来，即便考虑经济增长放缓的因素，也有理由认为 N00300 指数的 ROE 短期内不太可能低于 8%。同时，鉴于经济增长阶段和增长方式的变迁，也有较强的理由认为，在可以预测的未来，沪深 300 指数的 ROE 不太可能高于 12%。

其次，如图 2–17 所示，有数据记录的 2008 年 7 月 1 日以来，（十年期）国债到期收益率 r 的分布区间为 [2.13%，4.70%]。考虑到当前的经济增长压力和中期利率预期，在可以预测的未来，可以合理认为其运行区间不太可能突破 [1.5%，4.5%]。

(%)

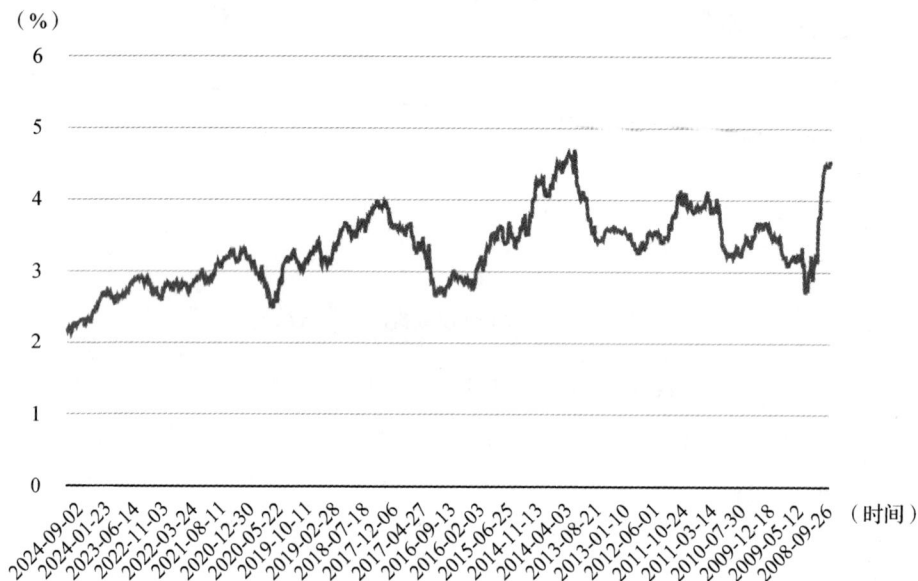

图 2-17　十年期国债到期收益率长期走势

那么，基于沪深 300 市净率不应低于 100% 的理论分析和 pr=SQRT（PB×PE×r）=SQRT（PB×PB×r÷ROE）=PB×SQRT（r÷ROE）的恒等变换（参见第一章）。

因为：PB>100%，r>1.5%，ROE<12%；

所以：N00300 指数的折溢价率 pr>100%×SQRT（1.5%÷12%），

即：N00300pr>35%。

类似地，基于沪深 300PE×r 不应高于 100% 的理论分析和 pr=SQRT（PB×PE×r）=SQRT（ROE×PE×PE×r）=PE×r×SQRT（ROE÷r）的恒等变换（参见第一章）。

因为：PE×r<100%，ROE<12%，r>1.5%；

所以：沪深 300 指数的折溢价率 pr<100%×SQRT（12%÷1.5%），

即：N00300pr<283%。

结合起来，在各因子均采用有较强理由的极限取值的情况下，N00300 指数的折溢价率，在可以预测的未来，不太可能突破 [35%，283%] 的理论区间。

这一区间显然显著大于观察到的 [53.72%，131.31%] 这一历史区间，但至少我们可以骄傲地说，对于沪深 300 指数折溢价率的理论上下限，我们有具体的数字概念。尤其是对于下限的刻画，理论值 35% 与观察值 53.72% 之间已经不算很远了。

当然，我们还可以用一些技术的方法，对于上述估测的折溢价率的上下限理论值进一步压缩。

比如，折溢价率的极值低点，显然应该对应经济增长至少不算高位的时刻，那么沪深 300 的 ROE 就不是小于 12% 的概念了，至少可以采用小于 10% 的假设，那么，对于折溢价率下限的推算，就可以由此抬升到 39% 左右的位置。又如，折溢价率的极值高点，往往已经提前采取了一定的加息措施，十年期国债的到期收益率可以将其下限从 1.5% 适度抬高，这也会导致对于沪深 300 指数折溢价率上限理论值估测的压降。

但事实上，我们无需斤斤计较。毕竟，理论值的估测仅仅是具象地展示了沪深 300 的折溢价率具有相对明确的上下限。我们的投资决策不可能也无需依据这种极端假设开展。下文会提到，我们有更好的方法确定具有决策参考意义的折溢价率上下限。

既然进一步确定了上下限的存在，我们不妨对沪深 300 指数的折溢价率进行更进一步的观察与思考。

如图 2-16 所示，11 年来沪深 300 指数折溢价率的均值约为 76%。这似乎说明，即便采用了 pr=SQRT（PB×PE×r）的算法，公众依然倾向于进行对于未来不确定性的折价。仔细想想，这是十分合理和十分必要的，我们投资的标的资产，尽管盈利稳定、根正苗红、过往优秀，但毕竟未来存在变数和不像国债的回报那么可靠，"普遍地打点折"是应该的。照此看，100%的折溢价率尽管理论上是折价或溢价的"分水岭"，但实质上，更像是市场是否已经进入最后的疯狂的参考线。

2015年的史诗级大牛市，沪深300指数折溢价率超过100%的时期，也没有超过半年。2007年底、2008年初的那波牛市，折溢价率超过100%的交易日，总共只有19个，还分成了两段。到了2021年2月，总共只有3个交易日折溢价率超过100%，并且最大值仅有101.01%。牛市的氛围貌似越来越弱，其实这正是市场和投资者越来越成熟的重要标志，也是价值投资逐步取代投机炒股越来越值得关注的重要原因。

因为，真的很有可能，对于当下的沪深300指数而言，折溢价率超过100%就意味着泡沫已经很严重了。当然，如果我们把时间线继续往前推，利用沪深300（价格）指数与其净收益指数之间的市净率、市盈率的一致性，可以把取值的时间往前追溯至2008年7月1日（这是十年期国债到期收益率的数据记录起点），我们可以在更早的A股运行时段收录到更多的折溢价率超过100%的时间，也能收录到更高的折溢价率极值，如图2-18所示。

图2-18　2008年7月1日以来沪深300指数折溢价率走势

尽管如此，本书依然以 2013 年 2 月 18 日为原则上的数据基期。就图 2-18 来说，原因有以下两点：其一，即便前溯至 2010 年初，沪深 300 指数的折溢价率运行特征和 2013 年 2 月 18 日后的运行特征并无本质区别，也就是说，11 年数据和 15 年数据差别不大，已经是一个令人满意的样本了；其二，2008~2009 年的异常波动行情，既有宏观大事件（如北京奥运）的影响，也有惊艳的经济表现（其间沪深 300 指数的整体 ROE 值约为 16%），有绝大的把握可以相信，当年的恢宏已经不太可能在中短期内复现，也就没有必要将其作为预测未来的参考了。

既然历次熊市底部，沪深 300 指数折溢价率的下限也都比较一致（当然最近两次有所打破，后文我们将会探讨），那么，沪深 300 指数的折溢价率向心分布的特征就呼之欲出了。我们有理由进一步观测其分布的空间特征。将 2013 年 2 月 18 日以来的 2809 组数据排序，并分别计算不同区段的分布频次，我们可以获得如图 2-19 和图 2-20 所示的空间分布特征。

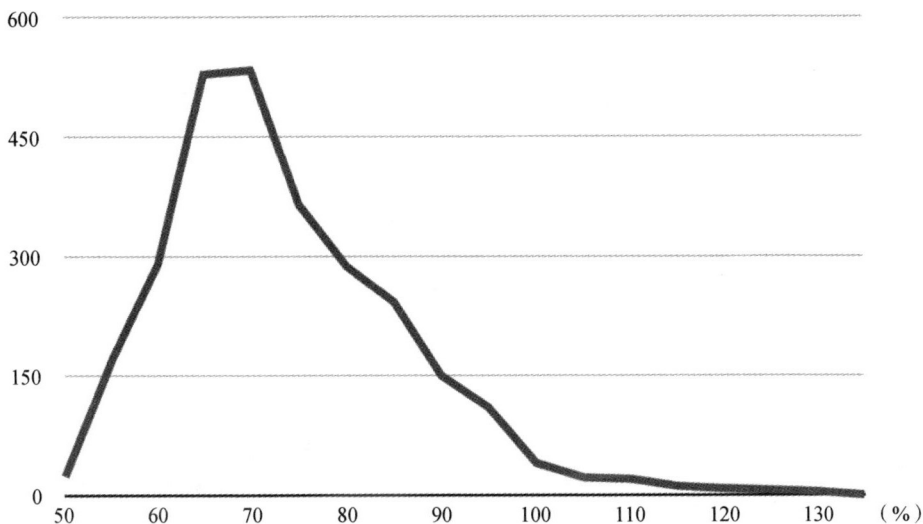

图 2-19　沪深 300 指数折溢价率现实分段频次

凭直觉就能判断图中是类正态的分布，而且还是经济金融领域更为常见的带有肥尾的类正态分布。

自然地，会想着去取个自然对数，看看是否对数正态分布吧？图 2-21 中配合了这一假设，偏度的问题较图 2-19 有所改善。

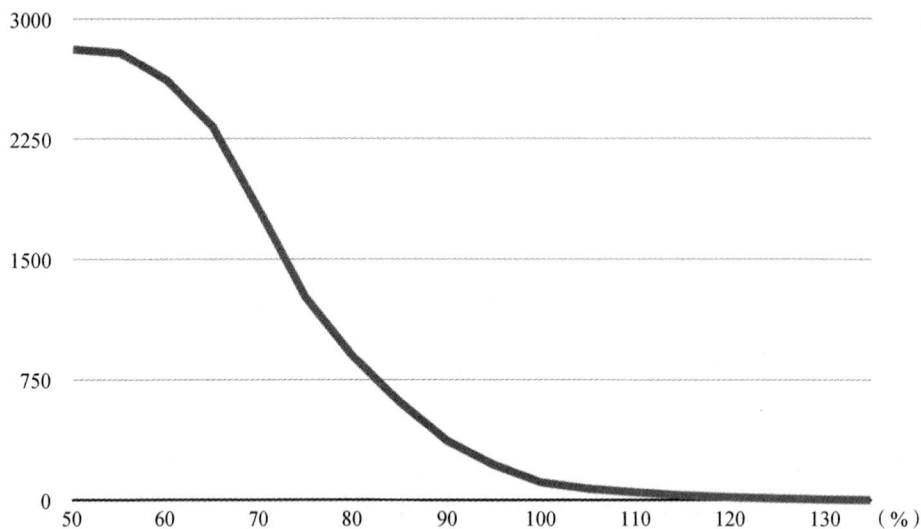

图 2-20 沪深 300 指数折溢价率现实累计频次

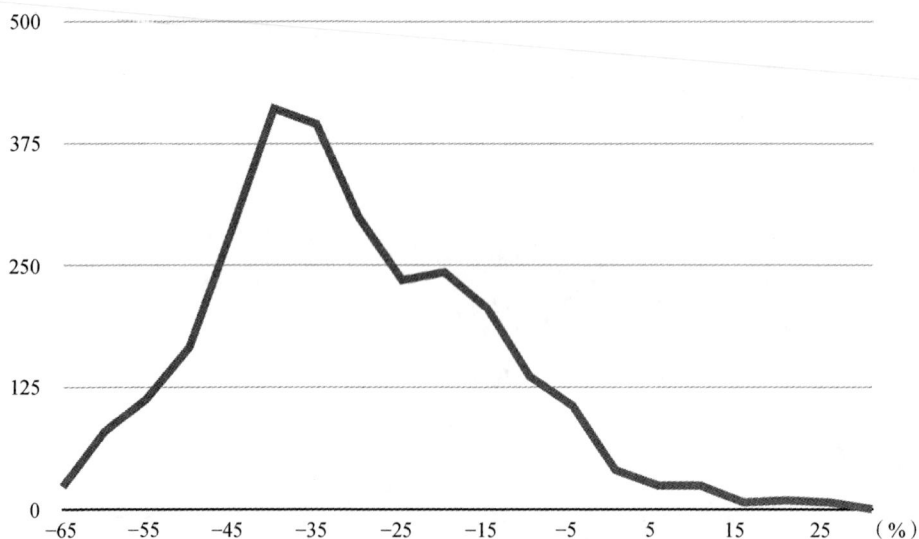

图 2-21 取自然对数后沪深 300 指数折溢价率现实分段频次

尽管如此，本书却仍然无意采用对数分布的方式对沪深 300 指数折溢价率的空间分布特征进行刻画。其理由有以下三点：

第一，相较于对数正态分布，普通正态分布对于极端值的解析更加保守一些。从宽的角度看，不妨采用偏保守的正态分布，以便留有更大的余地。数学上，这是很容易理解的，取自然对数与不取自然对数，主要的差异在于标准差所对应的涨跌幅。折溢价率处于低位的时候，不取自然对数的标准差要大于取自然对数后换算的结果，相对而言更难以达成极端的负标准差；折溢价率处于高位的时候，不取自然对数的标准差要小于取自然对数后换算的结果，相对而言更容易触及极端的正标准差。因此，不管是低折溢价率还是高折溢价率，以不取自然对数的拟合结果作为参照系，都将倾向于更为保守——少买多卖。

第二，取自然对数后的折溢价率难以直接翻译成现实的折溢价率水平，不太方便日常的理解和应用。我们的大脑既聪明又笨拙，如果不能把辛辛苦苦地以三率平方根的方法算得的折溢价率 pr 用简单明了的方式展示出来，而非要取对数的话，就会缺失对其直观的、感性的认知和理解，也不利于迅速地判断距离目标折溢价率还需要涨跌多少。更大的问题是，这样不仅会干扰我们的感性认识，也会使我们对于结果的运用时刻离不开电脑的帮助。相信即便是一个数学系的学生，也不太可能手算自然对数和幂函数吧。我们研究折溢价率本质上是为了应用，由此牺牲一下精确度也是能接受的。

第三，尽管采用对数正态分布，也并未彻底解决偏度的问题，如图 2-21 所示，偏度的问题仅仅是获得改善而已，并未彻底解决。从完美主义者的心理角度看，同样不是 100 分的解决方案，那么 98 分和 96 分差距就不大了。既然如此，就不再重复算了。事实上，经济金融上的"肥尾"的正态分布，即便改用对数正态分布的方法观察，往往也是不能彻底解决的。这恰恰说明，我们在疯狂时刻的疯狂度，超出了恐慌时刻的恐慌度，超过了数学工具所能校正的能力范围，也恰恰说明了"令利智昏"是多么深刻的洞察。

我们比想象的还要疯狂，这才是真正的人性。

第一章曾提到过，"2009 年 7 月中旬到 8 月中旬的一个月内，沪深 300 指数的 PE×r 曾经短暂地冲到 100% 以上"。这就是疯狂的最好例证。

所以，我们仍然用"普通"的正态分布去对沪深 300 指数的折溢价率空间分布特征进行刻画。尽管利用对数正态分布，我们貌似可以给出更好的拟合效果（见图 2-22）。但保守起见，我们依然选用了图 2-23 所提供的拟合参照。

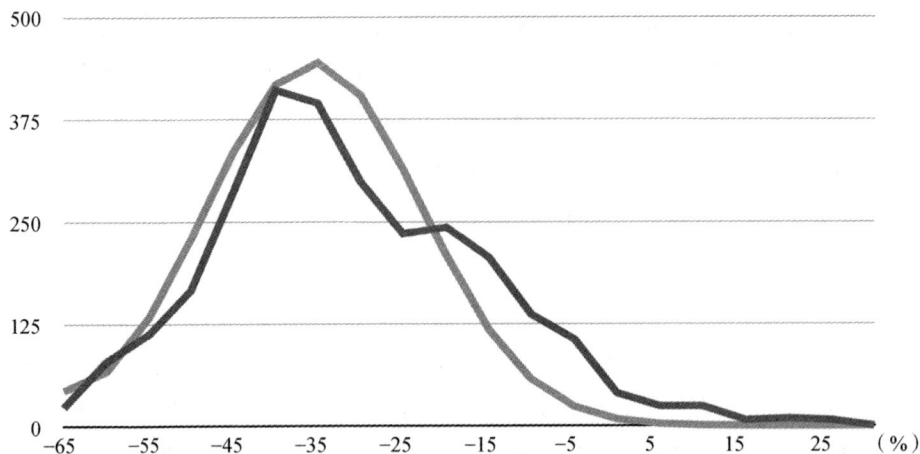

图 2-22　沪深 300 指数折溢价率对数正态分布拟合

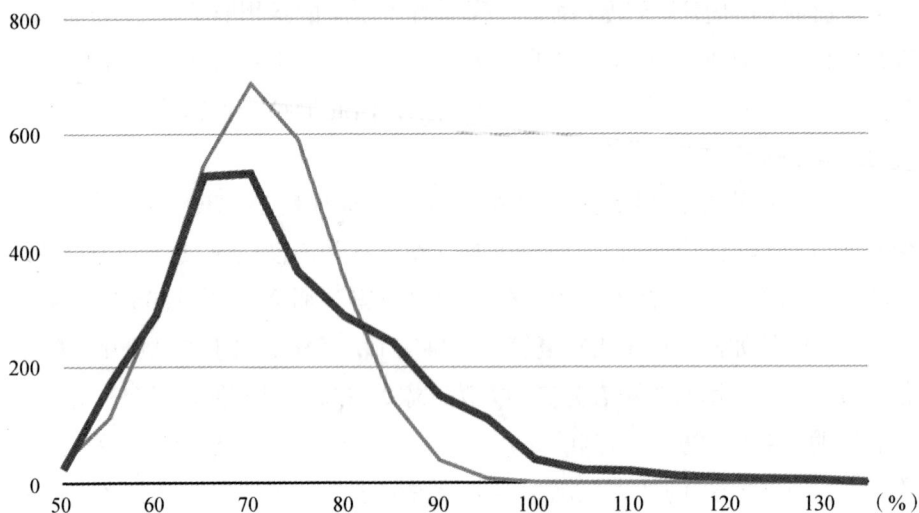

图 2-23　沪深 300 指数折溢价率正态分布拟合

图 2-23 相对于图 2-22，非常明显的优势在于，我们可以简单明了地知道一个确定的折溢价率大体上对应着正负多少的标准差。当然，我们可以提前做一下功课，把表 2-2 预先规划好。

表 2-2　沪深 300 折溢价率概率分布（2013 年 2 月 18 日 ~2024 年 9 月 2 日）

拟合均值	折溢价率	正态分布偏离	理论累计概率（%）	现实累计概率（%）
0.68	49%	−3X 标准差	0.1	0.0

续表

拟合均值	折溢价率	正态分布偏离	理论累计概率（%）	现实累计概率（%）
拟合标准差	57%	−2X 标准差	2.3	2.5
0.08	65%	−1X 标准差	15.9	17.2
统计步长	73%	0	50	48.6
0.05	81%	+1X 标准差	84.1	69.7
修正后均值	89%	+2X 标准差	97.7	85.5
0.73	97%	+3X 标准差	99.9	94.5

需要补充说明的是，在图 2-22 及图 2-23 的绘制中，现实频次中的分布频次是从基点往后一个步长实际录得的频次，拟合频次中的频次是根据正态分布倒算而来的从负无穷个标准差累计而得的频次再分别拆分而得。所以，表 2-2 在实际匹配时，需要修正一个步长。

上述的拟合显然不能让要求较高的读者感到满意。但私心而论，基本上达到了"宁左勿右"偏向保守的概率拟合，并且对于折溢价率偏小的时候的刻画相对而言更为精准有效（见图 2-24）。当然，对于一个理论上应当"肥尾"的正态分布而言，这都是题中应有之义了。

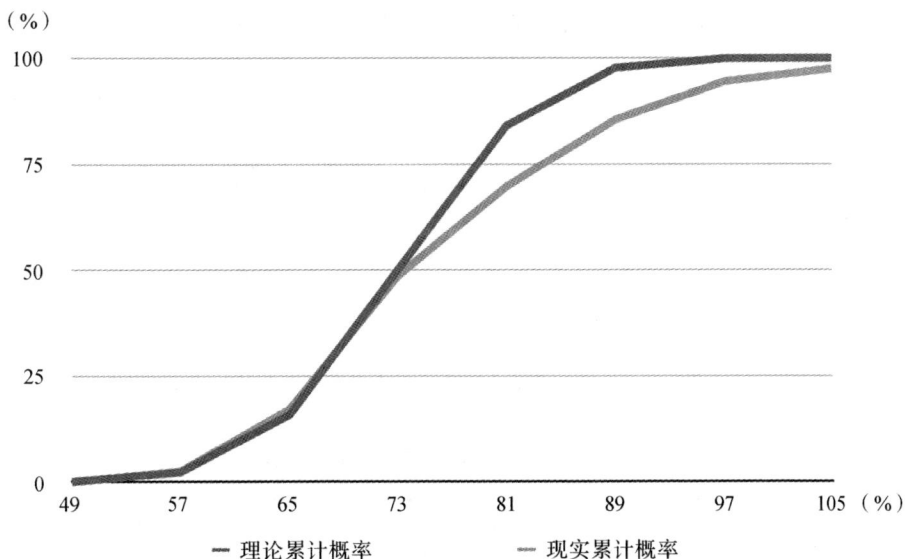

图 2-24　沪深 300 指数折溢价率正态分布拟合偏差

对于表 2-2 给出的归纳梳理，大家既无须过度重视，又值得加以关注。之所以说无须过度重视，是因为不仅拟合的效果并未像"神迹"一样令人叹为观止，而且随着市场数据的积累以及个人拟合偏好的变化，所谓的均值、标准差都有可能发生偏移。从这个意义上讲，表 2-2 仅仅是一个参照，一次个性化的解读，一千个读者完全可以有一千个哈姆雷特，给出自己的均值和标准差，并且很可能给出的解读比表 2-2 更好。

而之所以又说值得加以关注，是因为表 2-2 佐证了沪深 300 折溢价率呈现正态分布的最主要特征，即便个人拟合偏好、未来数据累计带来不同的均值和标准差组合，相信距离表 2-2 的偏离也不会太大，这些偏离在交易策略的参照适用中必然不会带来太大差异。所以，在建立自己的拟合系的时候，表 2-2 是一个很有参考价值的起点。

对照一下现实。如图 2-25 所示：自 2013 年 2 月 18 日以来，沪深 300 净收益指数的多数底部大体位于不到 -2X 标准差的位置；2022 年 10 月 31 日录得的底部，达到了 -2X 标准差的位置；历史极值在 2024 年 1 月 22 日录得的 54.05% 的折溢价率和 2024 年 9 月 2 日录得的 53.72% 的折溢价率，则进一步下探到接近 -2.5X 标准差的水平。

如果我们对照 -2X 标准差的 2.3% 的理论累计概率和 -2.5X 标准差的 0.6% 的理论累计概率，就会发现统计规律尽管不具有绝对的约束力，但确有其可观之处，也确属于客观规律的一种有价值的表达方式。

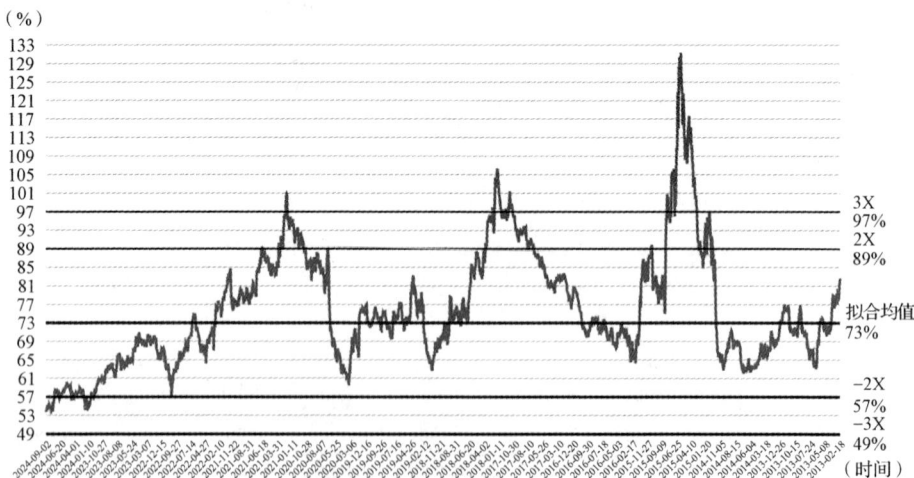

图 2-25　沪深 300 折溢价率正态分布拟合对照

结合上述的分析，本书中采用表 2–2 的拟合结果，认为沪深 300 指数的折溢价率遵循如下正态分布规律：

均值：73%；标准差：8%。

结合本章前文关于沪深 300 净收益指数公允价值（fv）的讨论，我们可以建立如下的沪深 300 净收益指数的杜邦分析模型。

即：

$$P_{N00300}=fv_{N00300} \times pr_{N00300} \qquad\qquad (2\text{–}1)$$

式（2–1）中：

fv_{N00300} 长周期看呈现 8.3% 左右水平的年化增长；

pr_{N00300} 呈现均值为 73%、标准差为 8% 的（肥尾）正态分布。

这是目前条件下我们所能给出的对于 N00300 指数点位的最佳的数学刻画。和无数前人所给出的数学刻画相比，它既精巧又粗糙。

说它精巧，是因为它用了一个线性增长的函数和一个正态分布的概率函数，能够对沪深 300 净收益指数的点位进行数学意义上的误差有限的刻画；说它粗糙，是因为它不仅与现实数据的贴合度未能达到非常神奇的地步，并且也无法翻译成直接可用的交易策略。这个数学刻画，既不能准确预测 N00300 指数在特定时间的绝对底部（pr 取值区间仅具统计约束），也不能大体有效地给出 N00300 指数在牛市中的天花板何在（肥尾效应的存在）。

它所能给出的只是值得期待的概率而已。但如果我们把这一杜邦分析数学解析的结果和其他现行的"刻舟求剑"式的解读相比较，其逻辑的严密与解析的科学性不可同日而语。在某种程度上，甚至可以自负地说"它之所以优秀，全靠同行衬托"。

蕴含在其背后的是投资的世界观和底层逻辑。用一些"以其昏昏使人昭昭"的方法，给出一个貌似精准、貌似确定实则经不起推敲、经不起检验的结论，就很有可能走在一条"精确地错误"的路上；而用杜邦分析的方法给出统计学上、概率论上的解析，虽然不可避免有偏差、有不确定性，但整体上的结果却是"模糊的正确"。在这种情况下，如能佐之以具有一定容错率且有效控制杠杆率的交易策略，无疑更有可能收获正常市场条件下的投资收益。

这是本书对沪深 300 净收益指数（N00300.SH）这一最具代表性的宽基

蓝筹指数的数学认知，同时是本书借以认识、分析那些和大盘蓝筹具有较好相关性的价值投资标的参照系。至于中证A500指数，我们观察一段时间再做考评。

本节的结尾讨论一下N00300指数的季月效应，算作一个轻松的彩蛋。

股市中有很多著名的段子，如中文语境的"五穷六绝七翻身"，又比如美国股市流传的"Sell in May and go away，come back at St. Leger's Day"（五月离场，十一月买回）无不表达了投资者一个朴素的愿望，即通过规律性的择时来实现波段操作。那么，能否为市场——具体来说为N00300指数所表征的大盘所验证有效呢？

在正式开始探究前，我们先回顾图2-15（本章前文）讨论过的细节。

即由于一季报和上年年报的"同时"发布，实际上在每年的11月初至次年的4月末的6个月的时间窗口内，计算公允价值时只能依据三季报的报表数据，而转年来到5月初，将会更新为一季报的报表数据，这中间有半年的空白期，因此导致N00300指数的公允价值发生了较大的累计偏差（当然，N00300指数的样本股调整也会有类似的影响）。从这个角度看，每年4月末的数据和5月初的数据之间的衔接性可能不是那么好。

因此，在探讨周期性涨跌的季月因素的时候，我们完全有理由将5月作为一个周期的起点，而将次年4月作为周期的终点，从而尽可能规避这个最大的空白窗口期的干扰。

在样本空间的选择上，有两种可行的思路。一种是直接比较指数的点位，另一种是间接比较指数的折溢价率。前者直接对应着投资损益，但规律性可能不甚明显；后者剔除公允价值增长给不同周期带来的干扰，但不可避免地增加了新的变量，导致最后的投资损益还要受到公允价值增长及其波动的影响。可谓各有利弊。

我们以每月的第一个交易日作为月初，每月最接近16日的交易日为月中，以月初、月中再加前后各5个交易日共11个交易日的平均值为月初值、月中值，从每年的5月中统计至次年的4月中（共23个数值，5月初的数值舍弃）。

首先，我们计算2013~2014年直至2023~2024年共11个统计年度的N00300指数的平均值。如图2-26所示，似乎暴露了一些季月因素的表征。前述中文语境的"五穷六绝七翻身"，似乎统计结果显示5月确是全年的相对低点，且 5 月中 ~7 月中的区间有约 2% 的提升；前述美股的"十一月买回"似乎也能在 A 股发现类似的规律，N00300 指数从 10 月初的年度最低点到次年 4 月中的最高点，能有约 5% 的上涨。

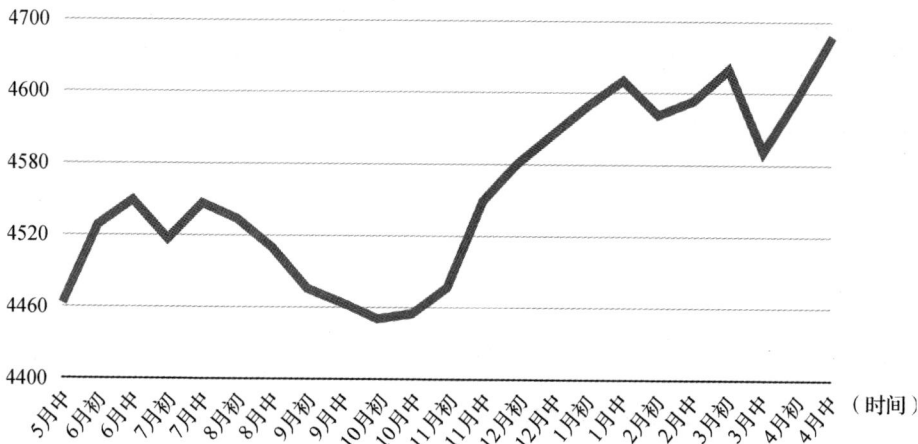

图 2-26　N00300 指数十一年平均值季月走势

但事情并没有那么简单，如果我们将每个统计年度都单独展示，就会发现由于指数数值的大小不同，十一年的统计平均值在权重上更容易受到近年的影响。并且，如图 2-27 所示，不同年份间的走势并不完全一致。

甚至如果我们将十一年的均值与前六年（2013 年 5 月至 2019 年 4 月）、后五年（2019 年 5 月至 2024 年 4 月）、近三年（2021 年 5 月至 2024 年 4 月）以及最近一年（2023 年 5 月至 2024 年 4 月）进行比较，可以发现十一年均值不仅和早期的均值走势（前六年）不太一致，与近三年、近一年的走势也有不小的偏差（见图 2-28，走势差异最大的为 2023~2024 年）。

因此，我们不得不遗憾地说，尽管十一年均值提供了一个比较接近成功的暗示，但进一步的细节分析表明其不足以构成一个可靠的策略。

那么，能否退而求其次，从折溢价率的角度观察认知呢？采用类似的方法，我们对 N00300 指数十一年的平均折溢价率进行了季月比较。如图 2-29 所示，折溢价率所呈现的特征与指数点位的波动特征略有不同，且涨跌幅度相对更大。

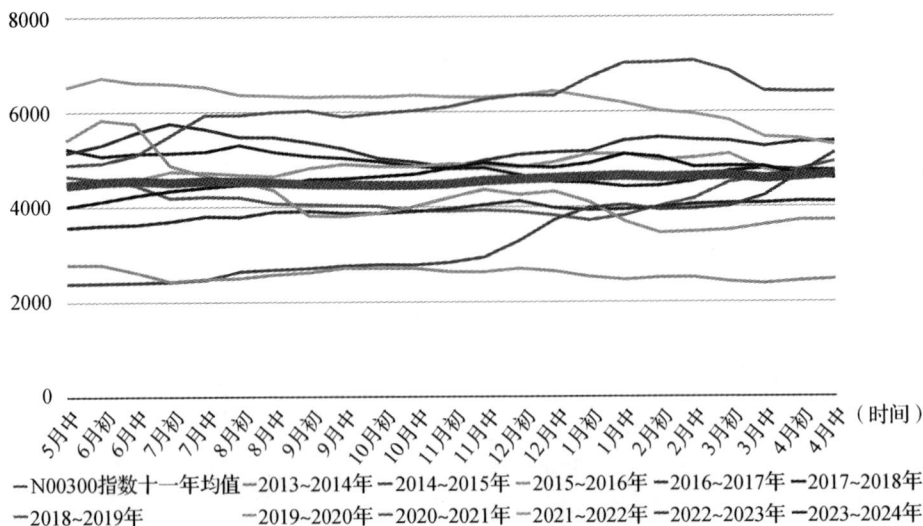

图 2-27　N00300 指数十一年走势逐年列示

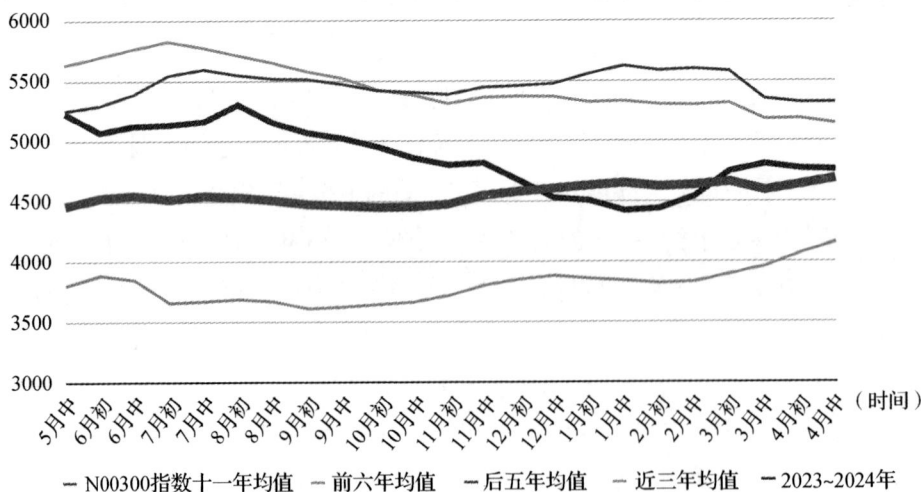

图 2-28　N00300 指数分时段均值走势

（％）

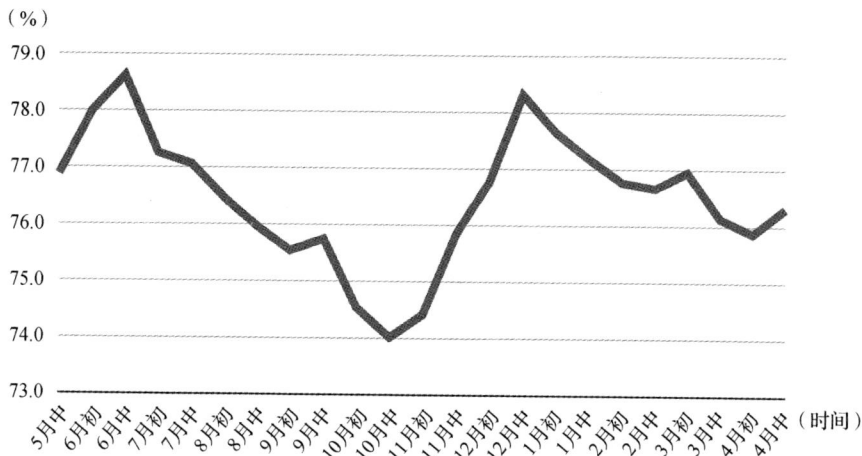

图 2-29　N00300 指数折溢价率十一年平均值季月走势

更令人惊喜的是，各统计年度的逐年走势与均值相对更为一致（见图 2-30）。如果采用分时段的方法来比较的话，走势的相对一致性就更为明显，如图 2-31 所示。

（％）

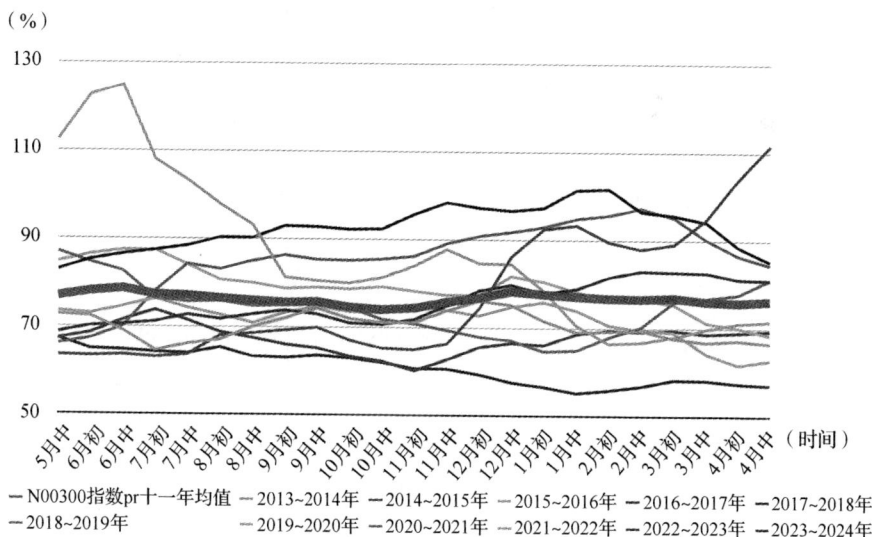

— N00300指数pr十一年均值 — 2013~2014年 — 2014~2015年 — 2015~2016年 — 2016~2017年 — 2017~2018年
— 2018~2019年 — 2019~2020年 — 2020~2021年 — 2021~2022年 — 2022~2023年 — 2023~2024年

图 2-30　N00300 指数 pr 十一年走势逐年列示

如果我们接受 2023~2024 年走势异常的解释，那么基本上可以认为，N00300 指数的折溢价率在 7 月初~10 月中（下行）、11 月初~12 月中（上涨）的走势是较为一致的，可在投资中加以参考。

但由于涨跌幅的相对有限，且折溢价率的走势需与公允价值的变动联合

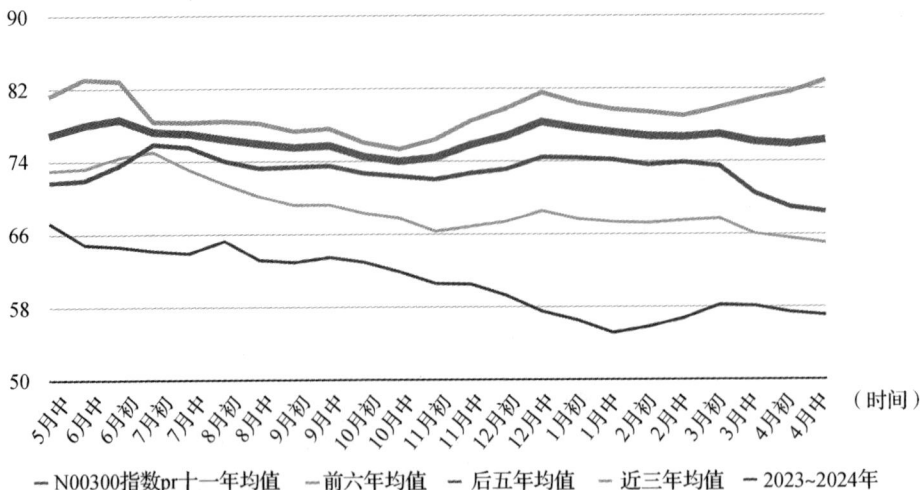

图 2-31　N00300 指数 pr 分时段均值走势

起来才能最终生效，因此，对于期间有半年报发布（且可能有分红实施）的 7 月初 ~10 月中区间的折溢价率的下行，参考意义可能相对就不那么大了。而对于区间相对较短，且无定期报告发布和样本股调整的 11 月初 ~12 月中的上涨走势，其参考性会更强一些。

　　根据这一线索，我们检索历年 11 月初 ~12 月中的 N00300 指数的走势。如果剔除已经"怀疑"是走势异常年份的 2023 年和增长过于显著的 2014 年，其余年份的相对涨势如图 2-32 所示。整体走势基本一致，唯一异常的 2018 年，当时的市场氛围和 2023 年类似。相信经历过的投资者都留有深刻的印象。

　　从这个角度看，我们也许找到了一个小小的影响 N00300 指数的季月走势的"经验发现"，即至少在市场正常的年景，11 月初 ~12 月中的涨势的确定性是比较值得期待的。当然，涨幅没有想象中的那么大。

　　以上讨论了关于 N00300 指数季月走势的问题。其根本目的并不在于如同那些量化基金一样，找到一个市场运行潜藏的规律并将之视为策略中的一个因子加以运用，而在于试图用生动的例证说明杜邦分析的思路（将指数拆解为公允价值和折溢价率两个因子）以及折溢价率（pr）因子在长周期分析中的独特优势（有助于剔除由公允价值增长带来的数据不可比）。此外，上述的分析思路，在后续的股票分析中还会类似地使用。

　　授人以鱼，不如授人以渔，这才是我们在细节上花费笔墨的意义所在。

（%）

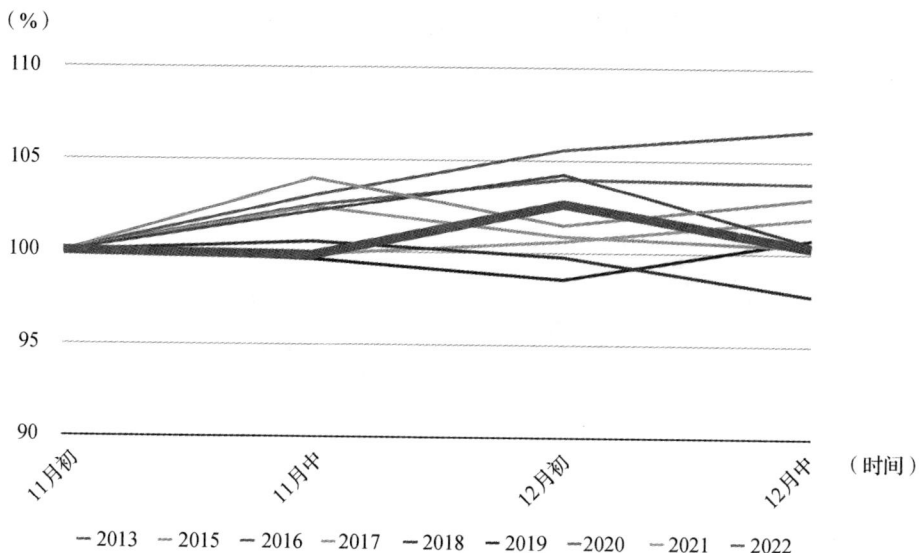

图 2-32 N00300 指数历年 11 月初至 12 月中走势

沪深 300 净收益指数的投资价值

通过本章第一节的分析，我们得出明确的结论是：对于前复权的 510300ETF 价格，其最好的刻画是沪深 300 净收益指数（N00300.SH）；通过第二节和第三节的分析，我们可以从杜邦分析的视角给出沪深 300 净收益指数的数学解析，重复援引如下：

$$P_{N00300} = fv_{N00300} \times pr_{N00300} \tag{2-2}$$

式（2-2）中：

fv_{N00300} 长周期看呈现 8.3% 左右的年化增长；

pr_{N00300} 呈现均值为 73%、标准差为 8% 的（肥尾）正态分布。

认同这一解析结论的话，必然也认同下述投资分析：长周期看，只要卖点的折溢价率不低于买点，将必然收获 8.3% 左右的年化回报。

那么，买点的折溢价率越低，获得这一回报水平的概率越高。市场会奖励那些有耐心守候、有勇气逆行的价值投资者。我们的价值投资者的收益预期其实并不是很高，长周期看能有 8.3% 左右的年化收益，已经很让人满足了。从这个意义上讲，沪深 300 净收益指数对应的沪深 300ETF 本身即具有较好的投资价值。

只要对本书给出的沪深 300 净收益指数的数学刻画有信心，就必然对图 2-33 给出收益图示有信心。考虑到一年约有 250 个交易日以及复利效应，年化 8.3% 以日增长 0.0334% 替代。

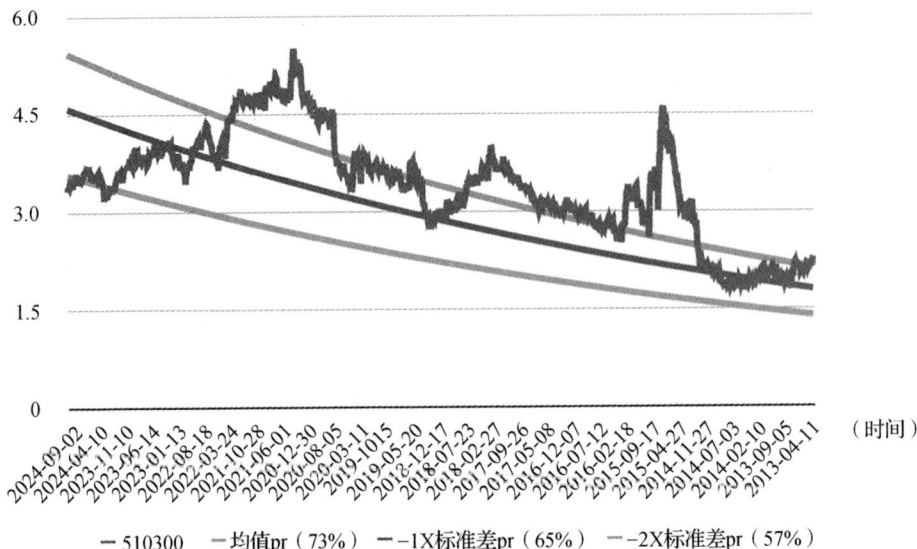

图 2-33　年化 8.31% 增长拟合线

由图 2-33 可知，-2X 标准差（N00300pr=57%）的投资机会最难获得，但长周期预测其获得 8.31% 以上年化收益的可能性也最大（近乎 99%）；-1X 标准差（N00300pr=65%）的投资机会 11 年来曾几次触及，其获得 8.31% 以上年化收益的可能性非常大；均值水平（N00300pr=73%）的投资机会存在于大概 50% 的日子，而其获得 8.31% 以上年化收益的可能性基本上也就是 50%。

单以一买一卖长期持有 510300ETF 而言，基于前文重复援引的对于沪深 300 净收益指数的数学解析：

N00300 指数的 pr 值位于均值水平（73%）时，是可以接受的买点；N00300 指数的 pr 值位于 -1X 标准差水平（65%）时，是数年一遇的比较不错的买点；N00300 指数的 pr 值位于 -2X 标准差水平（57%）时，是非常难得的进场机遇。

这一择时投资策略，无疑是对有耐心守候、有勇气逆行的价值投资者的基础奖励。那么，是否有更具操作性、更有性价比的投资策略呢？

毫无疑问是有的！

基于 $P_{N00300}=fv_{N00300}\times pr_{N00300}$ 杜邦分析模型和图 2-33 的回测分析可知：N00300 指数的折溢价率越低，其预期回报越高、越值得下注；N00300 指数的折溢价率越高，其预期回报越低、越不值得下注。我们很容易设计一种进行简单仓位控制的交易策略。

尽管历史上只观察到 -2.5X 标准差左右的极低值，但考虑到策略的保守性和 -3X 标准差在统计上的可能存在性（理论累计概率为 0.1%），不妨以 -3X 标准差为策略的预期底部，对应的仓位为 100%。尽管历史上曾观察到 +3X 标准差以上的极高值，但考虑到策略的保守性和 +3X 标准差在统计上的极小的概率（不超过 0.1%），不妨以 +3X 标准差为策略的预期顶部，对应的仓位为 0%。两个极点之间线性插值，可得如表 2-3 所示仓位控制参数。（这里可以发现用"普通"正态分布而非对数正态分布的好处了，计算简便。）

表 2-3　线性插值仓位控制标准（不加杠杆）

折溢价率（N00300pr，%）	正态分布偏离	仓位（%）
49	-3X 标准差	100
57	-2X 标准差	83.3
65	-1X 标准差	66.7
73	均值	50
81	+1X 标准差	33.3
89	+2X 标准差	16.7
97	+3X 标准差	0

如果以 2013 年 2 月 18 日为基期，按照上述策略进行仓位控制，在不考虑交易成本，也不考虑复利投资因素和闲余资金的现金理财收益的情况下，可以得到如图 2-34 所示的沪深 300ETF（510300）投资回报曲线。

如何评价这条收益曲线呢？

必须承认，它并不惊艳。大多数时候和基准曲线差不太多，还有连续较长时间的回撤，期末的净值只有 1.636（对照组为 1.455），折合年化收益率约 4.3%（对照组约为 3.3%）。

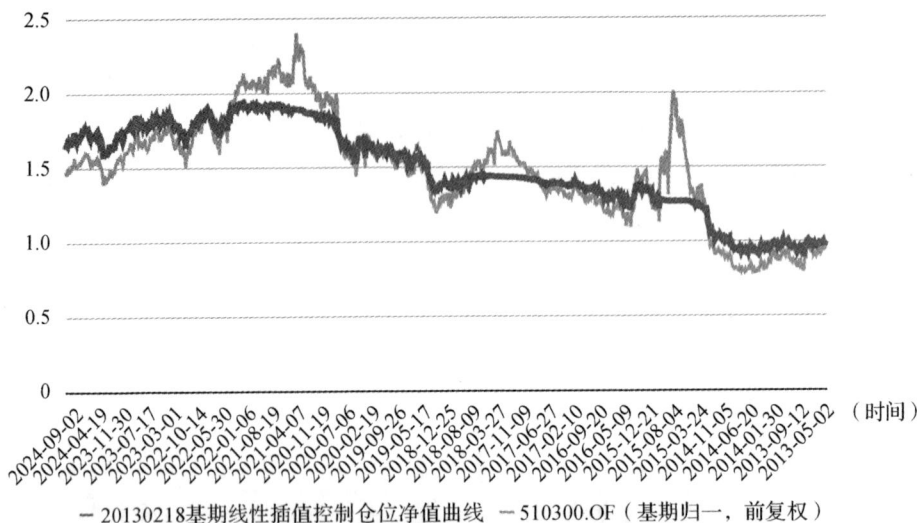

— 20130218基期线性插值控制仓位净值曲线 — 510300.OF（基期归一，前复权）

图 2-34 简单仓位控制策略收益回测曲线

但仔细查看，这一收益曲线其实弥足珍贵。首先，尽管在大牛市的时候（2015 年）以空仓方式无所作为，但它在大多数时候，并且在最终跑赢了对照组。其次，现在的年化收益率约 4.3% 的水平，是 2021 年净值达到顶点后连续回调将近 3 年的结果。最后，整个收益率曲线的回撤（从 2021 年 12 月 13 日的净值高点 1.942 回撤至 2024 年 2 月 2 日的净值低点 1.572，回撤率约 19%）远远小于对照组（同期回撤率约 35%），这无疑将极大地改善投资的体验、增强策略持有的信心。

不仅如此，这一收益曲线的另一个巨大优势其实还被 2013 年 2 月 18 日的基期效应隐藏起来。2013 年 2 月 18 日录得的沪深 300 指数折溢价率为 82.7%。这一折溢价率相当于在 +1X 标准差的水平相对高位建仓，能有这样的收益曲线确实不易。如果期末的折溢价率能够瞬变为 82.7% 的建仓水平，净值将达到 2.518，年化收益率将达到 8.2%。

而这一策略最为令人瞩目的地方在于其真的很"不挑食"。假设我们以 2015 年 3 月 18 日为基期（这一天 N00300 的折溢价率达到 +3X 标准差，即 98%），按照策略仓位归零从而错失后面的大幅上涨，那么简单仓位控制策略下的收益率曲线依然可以接受且显著优于对照组（见图 2-35），持仓期间的回撤也控制得较好。事实上，如果把建仓的时机再向后面股市疯狂的期间推，由于基数效应的影响，这一策略相对于对照组的优势将更为明显。

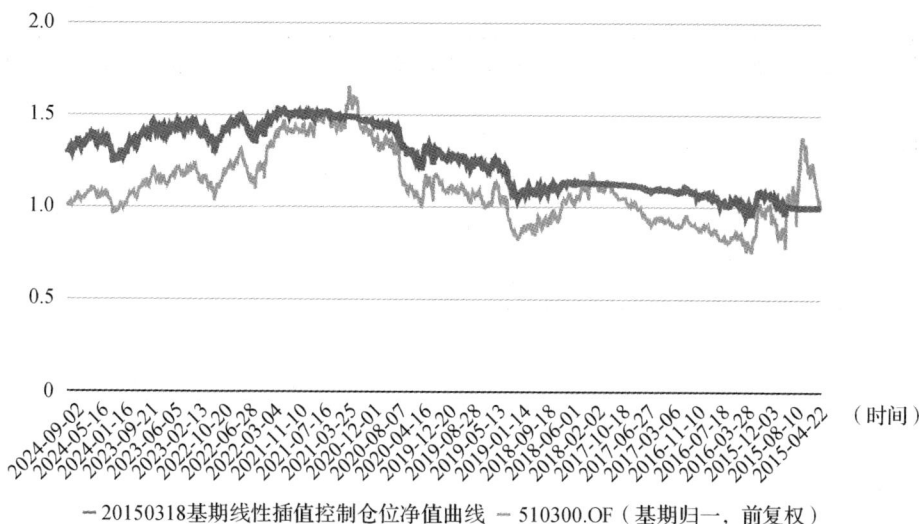

－20150318基期线性插值控制仓位净值曲线　－510300.OF（基期归一，前复权）

图 2-35　2015 年 3 月 18 日高点建仓收益回测曲线

当然，这一策略也没有强大到完全无视建仓时机的地步。如果在 +3X 标准差的情况下建仓，持仓 9 年的年化收益率也就只有不到 2.7% 的水平。

综合来看，在［-3X，+3X］标准差假设下，在［0%，100%］区间线性插值进行仓位控制的简单策略，大体上有其可取之处。至少，作为一个长周期的投资策略，还是能够有收益的。

而更进一步，如果我们考虑每年 8% 左右的公允价值内在增长值得倚重，并且认为 -3X 标准差的折溢价率底部不太容易突破，从而加一些杠杆的话，那么结果也许更加令人满意。为审慎起见，即便历史上只观察到 -2.5X 标准差左右的极低值，我们仍然只计划在 -3X 标准差的预期底部极值最多加 50%的杠杆（也就是在 -2.5X 的历史极值时只加了 35% 的杠杆），留有充分的余地应对非常态的风险，并且在 +3X 标准差的位置坚决止盈。我们将得到如表 2-4 所示的新的仓位控制标准。

表 2-4　线性插值仓位控制标准（最多 150% 杠杆）

折溢价率（N00300pr，%）	正态分布偏离	仓位（%）
49	-3X 标准差	150
57	-2X 标准差	125
65	-1X 标准差	100

续表

折溢价率（N00300pr，%）	正态分布偏离	仓位（%）
73	均值	75
81	+1X 标准差	50
89	+2X 标准差	25
97	+3X 标准差	0

类似地，我们也将得到如图 2-36 所示的 150% 最大杠杆仓位控制策略收益曲线。

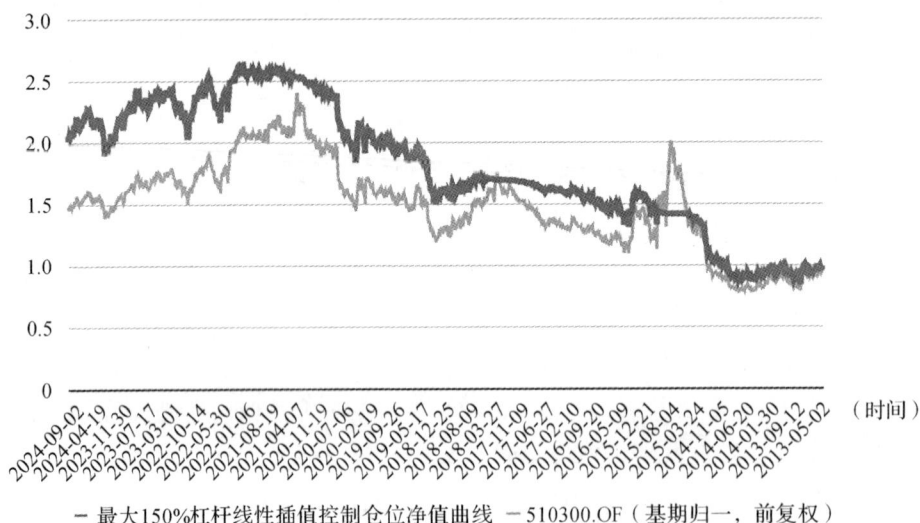

— 最大150%杠杆线性插值控制仓位净值曲线 — 510300.OF（基期归一，前复权）

图 2-36　最大 150% 杠杆线性插值仓位控制策略收益回测曲线

显然，在没有改变图 2-33 所示优点的基础上，收益率有较为明显的提升。期末净值达到了 2.013，年化收益率达到了 6.2%。

同样地，我们也可以测算一下加杠杆的情况下，在 2015 年 3 月 18 日高点建仓的结果。

如图 2-37 所示，整体收益曲线可接受的前提下，期末净值达到了 1.42，年化收益达到了 3.8%。需要补充说明的是，为了回测简单，对于加杠杆所需要付出的资金成本，上述分析中对此并没有涉及，可能会影响净值曲线。但总体上而言，资金闲余的时刻多于加杠杆的时刻、资金闲余的规模大于加杠杆所需资金，因此，尽管借入资金的费用率高于闲余资金的收益率，总体而言，我们认为两者大体上相当，相互抵消后即便仍有不足，也不会有太多的拖累了。

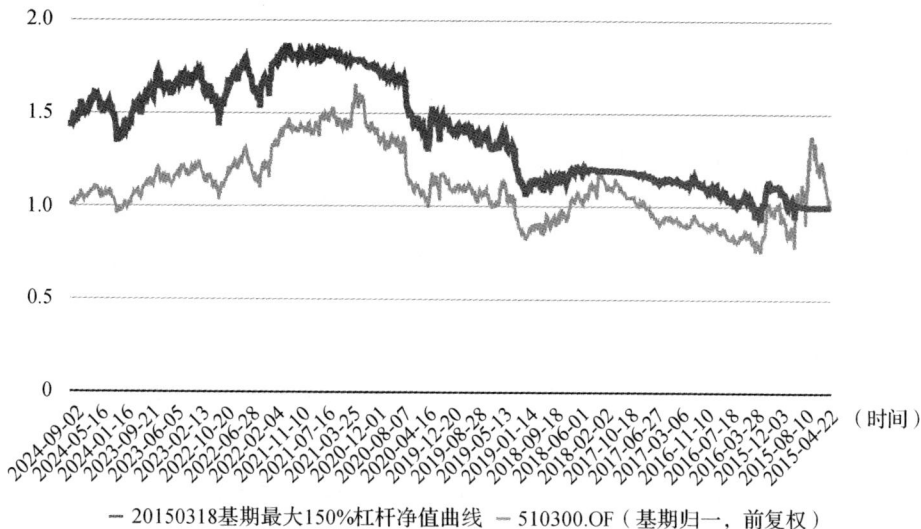

－ 20150318基期最大150%杠杆净值曲线　－ 510300.OF（基期归一，前复权）

图 2-37　最大 150% 杠杆高点建仓收益回测曲线

行文至此，我们在深感欣慰的同时，也需要直面一个"触及灵魂"的考验了。上述看起来不错的策略回测结果，会不会是无数个"过拟合"之后令人认可的策略之一。用以解释过去，可谓天花乱坠；用以布局未来，则属纸上谈兵。

投资的研究，不同于其他的经济学、金融学研究，不能以解释过去为支撑，而必须以布局未来为根基。那么，就需要面对是否"过拟合"的检验。这个问题，我们可以从以下三个方面进行回应：

首先，上述的策略回测中，对于各类参数的选择、设定是克制的、保守的和有充足依据的，始终贯彻着从宽的原则，从未为了追求更好的回测曲线而精调细校。所举例证，更多的是为了说明大体趋势。因此，策略预设的条件区间预留有突破历史观察极值的控制，策略回测的结果预留有充足的容错容变余地，可以在很大程度上减轻"过拟合"的影响。更为重要的是，所取参数是线性地加以运用，并不存在所谓的"阈值"效应。未来更多数据积累之下，参数发生漂移导致的策略曲线变动的影响应该是有限的。

其次，策略回测中最重要的归纳假设在于沪深300指数的折溢价率的空间分布呈现正态分布特征。这一特征既为整体数据积累所佐证，也为历次底部、顶部取值所印证。并且在数学处理上，采用了更偏保守的"普通"正态分布，加之在回测取数时又额外预留了0.5个标准差。不仅如此，本章第三节，还专门从另外角度推导了沪深300净收益率指数折溢价率的理论极大值、极小值，推导所得的理论最小值，尽管距离-3X标准差的预期最小值仍有一定距离，但也有助于侧面支撑最小值的取值下限。因此，即便统计规律上的约束不是强制的，也有较强的理由认为策略回测中关于沪深300指数折溢价率的极小值的取值是合理的，未来即便有偏差，其偏差程度也是可控的。

最后，也是更为关键的，我们还将尝试从理论上证明，对于沪深300净收益指数这样一个宽基蓝筹指数，其折溢价率的分布特征应该是正态分布的。如果我们观察到正态分布，并且采用正态分布的假设，这种信任无疑是有限度的、存疑的；但如果我们能够证明正态分布，并且为现实所印证，那么这种信任的等级无疑是可以进一步提升的。

我们的证明思路如下：

第一步，由于沪深300指数是宽基的蓝筹指数，且有明确的和行之有效的成分股定期调整规则。因此，其公允价值的增长大体稳定，单一成分股的权重相对较小，影响沪深300指数折溢价率的因子必然是宏观的，可认知的，不会因为个股的超常规事件或者行业性突发事件而陡然改变。

第二步，我们可以合理假设沪深300净收益指数的折溢价率受若干个相互独立的影响因子共同作用而成。这些因子包括不限于无风险利率水平、国民经济运行态势、监管平准导向、投资人风险偏好、外汇汇率波动、海外资金进出、消息面因素影响、政治周期因素、短期技术特征，等等。尽管很难完美穷尽，但整体而言，认为存在N个（N>10）相互独立的影响因子，共同作用形成沪深300净收益指数的折溢价率，是比较合理的。

第三步，上述影响沪深300净收益指数折溢价率的独立因子，其分布特征可能是不同的，有的可能是在某一存在域均匀分布（如短期技术特征），有的可能是符合正态分布的特征（如消息面因素）；其相互协同的算法可能是不同的，有的可能适用加法比较合适，有的可能适用乘法更为恰当。

第四步，在前面分析的基础上，我们稍稍加点数学。在 n 重伯努利试验的讨论中，数学家发现了事件出现的次数渐近于正态分布的现象。1733年，法国数学家棣莫弗在发表的论文中使用正态分布去估计大量抛掷硬币出现正面次数的分布，并认为是"中心极限定理"的第一版。1901年，俄国数学家里雅普诺夫用更普通的随机变量定义中心极限定理并在数学上进行了精确的证明。如今，中心极限定理被（非正式地）认为是概率论中的首席定理。

在一个不太苛刻的条件下，对任意 x，随机变量 Yn 的分布函数 Fn（x），都满足：

$$\lim_{n\to\infty} F_n(x) \lim_{n\to\infty} P\left\{ \frac{\sum_{k=1}^{n} X_k - \sum_{k=1}^{n} \mu_k}{B_n} \le x \right\} \frac{1}{\sqrt{2\pi}} \int_{-\infty}^{x} e^{-\frac{t^2}{2}} dt \qquad (2-3)$$

范金城、周家良、钱昌本在《概率论》中说："该定理说明，所研究的随机变量如果是有大量独立的而且均匀的随机变量相加而成，那么它的分布将近似于正态分布。"[1]

而这句话，就是我们想要的。

我们合理假设了若干个独立影响沪深 300 净收益指数折溢价率的因子，并且他们可能有均匀分布和正态分布两种分布法，也可能有加法、乘法两种整合算法。但如果我们先把那些独立的、均匀的、相加的因子拿出来讨论，根据中心极限定理，结果将近似于正态分布。那我们把这个近似于正态分布的结果和那些独立的、均匀的、相乘的因子结合起来，其结果应该具备正态分布向心分布特征的，或者说，类似正态分布的。最后把这个近似正态分布的半成品因子和其他的正态分布的因子一起考虑，不管是相加还是相乘，那么理论上，至少应该具备正态分布向心分布特征。换句话说，即便不是严格意义上的近似正态分布，也是可以用均值、标准差加以刻画的。

上述的证明，有待于真正的行家关注到此并加以论证。但基本的假设是合理的，数学的依仗是明确的，最终的结果大体上应该是可信的。

客观上，我们之所以能在经济金融领域观测到大量的正态分布特征，其

---

[1]　范金城、周家良、钱昌本：《概率论》，西安交通大学出版社，1987 年版

背后的深层逻辑即在于此；事实上，我们也的确从历史的数据积累中观察到了正态分布的现象。那么，是否应该给这个正态分布的特征稍稍高一点的信任值呢？

如果可以给予更高的信任值，那么是不是能更多地打消"过拟合"的顾虑呢？希望上述极为粗浅的理论探讨，能让正态分布假设及其策略回测结果，更有力地回应"过拟合"的挑战。当然，由于笔者学识和能力的局限，不能给出关于正态分布的完美证明，只能说真的尽力了。

最后，让我们复盘一下自己的投资世界观，以更好地说服自己。

作为价值投资者，我们终究要基于某种信念才去投资，否则便和投机行为"同流合污"了。而价值投资的基础信仰无非两个：其一，内在价值稳健增长；其二，估值水平有限波动。不接受内在价值稳健增长的假设，就是将投资的回报完全寄望于估值的上涨，而放弃所谓"时间的玫瑰"；不接受估值水平有限波动的假设，便不敢长期持有，做所谓的"时间的朋友"。

这两个基本信念假设，在以沪深 300 净收益指数为代表的宽基蓝筹指数中得到了长周期的充分验证。那么，我们为什么不对之报以更大的期待呢？在估值水平有限波动的各种模型中，三率平方根折溢价率（ $pr = \sqrt{PB \times PE \times r}$ ）所进行的数学刻画，无疑具有逻辑合理性和工具优越性。那么，我们为什么不对之欣然采纳呢？基于三率平方根折溢价率视角的估值水平波动最佳的数学拟合是正态分布，并且还具备那么一点点的逻辑可能性。

公募基金

正如第四节所分析的那样，结合 P=fv×pr 的杜邦分析和 fv 稳健增长、pr 正态分布的数学解析，沪深 300ETF 本身足以构成一个还算可以接受的交易策略，回报可接受、回撤可接受，进场时机上也不是很"挑食"。

但是，得寸进尺、得陇望蜀也是人性的一部分。很自然地，我们就会考虑，如果把投资的标的改成优于沪深 300ETF 的东西，是不是就有可能收获更高的收益却不带来更大的风险呢？也很自然地，我们就会考虑专业管理人管理公募基金。

类似兴全沪深 300LOF（163407）、富国沪深 300 指数增强（100038）这样的以沪深 300 指数为基准、管理的根本目的在于谋求相对稳定的超额收益的公募基金。我们只要确信其的确在绝大多数时日能够取得较之沪深 300ETF 的稳健的超额收益就行了，相信最终的回报定能高于以沪深 300ETF 为标的。

那么，如何判别或者确认其具有稳定的超额收益管理能力呢？如图 2-38 所示，但有点不够直观、不够精准。

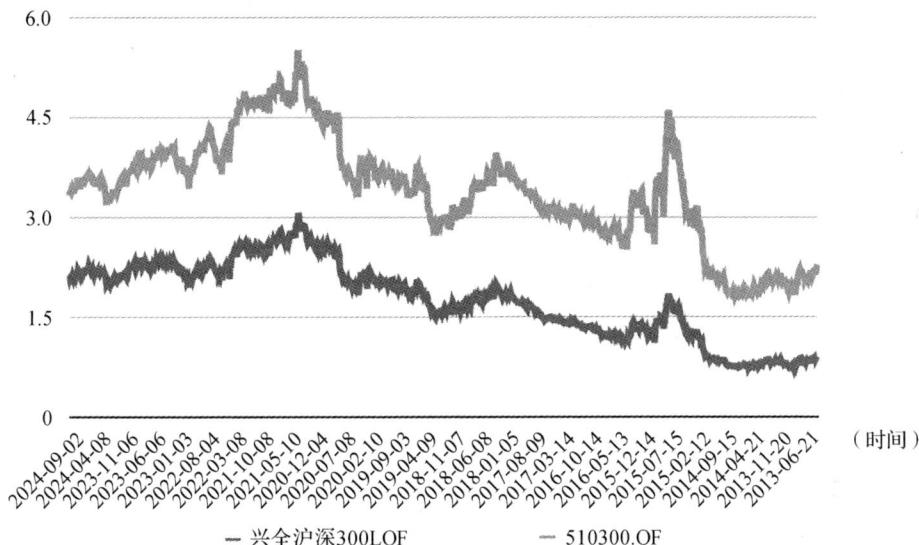

图 2-38 指数增强型基金走势对照

所以，我们不妨采用杜邦分析的方法，将基金的净值 V，拆解为 $V \div P_{510300}$ 和 P_{510300} 两个因子的乘积进行分析。回顾前文中我们对于杜邦分析核心要义的认知：

（1）构建一个代数恒等式，从而将待分析的变量分解为有限个变量的代数计算结果。

（2）分解所得的变量均有其现实且客观的意义，而非臆造的数学结果。

（3）分解所得的变量有其客观规律或统计学上的边际约束，从而可以据之做出相对可信的预测。

显然，$V = (V \div P_{510300}) \times P_{510300}$ 这一代数拆解是恒等的。P_{510300} 指数增强基金对标的沪深 300 指数较为可靠的运作结果，其收盘价作为基准是适当的。而 "$V \div P_{510300}$" 则无疑刚好体现了这只指数增强基金的超额增强能力。

对于 510300 的收盘价，我们通过前述对于 N00300 的解析，已经认为其在统计上是可以刻画的。我们只要聚焦于"$V \div P_{510300}$"这一因子就可以了，如果能够发现、接受的规律，那么就可以使用杜邦分析的思路对其进行认知。

在图 2-39 中，手工添加了一条年化增强 4% 的参考曲线，相信有了这条辅助线，对于兴全沪深 300 指数（LOF）A 的长年增强能力，大体上能有一些信心。所以，尽管兴全沪深 300 指数（LOF）A 这只基金名字上没有增强两个字，但确实能够相对稳健地获得相对于沪深 300ETF（而不仅仅是000300 指数！参见本章第一节的讨论）的增强。

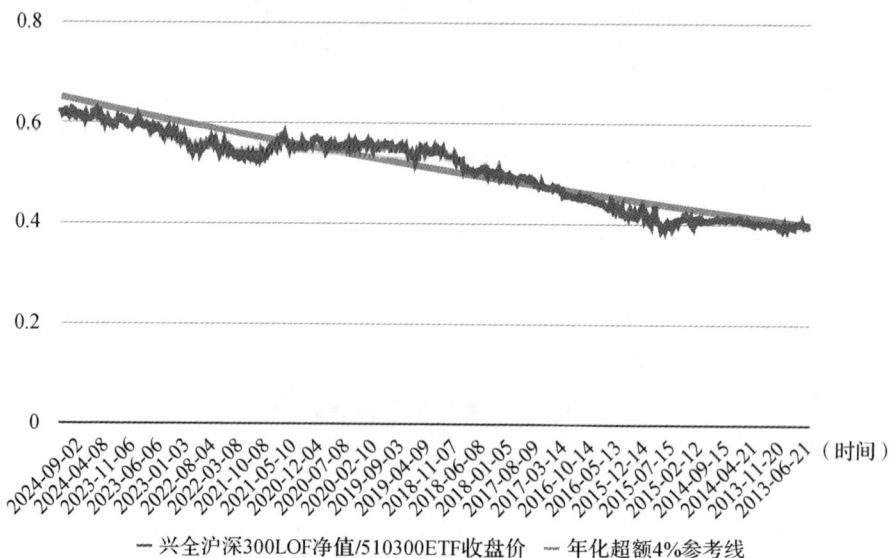

＝ 兴全沪深300LOF净值/510300ETF收盘价　＝ 年化超额4%参考线

图 2-39　兴全沪深 300LOF 增强能力解析

由于公募基金没法加杠杆，所以我们只能用表 2-3 所示的简单仓位控制策略进行回测，结果如图 2-40 所示。

与图 2-35 不同的是，策略组似乎跑输了始终满仓的对照组。但真的如此吗？

首先，采取线性插值简单仓位控制策略的策略组，最终的净值为 1.948，年化的收益达到了 5.9%，显然优于直接以 510300ETF 为底仓的操作结果（期末净值 1.636，年化收益率 4.3%）。

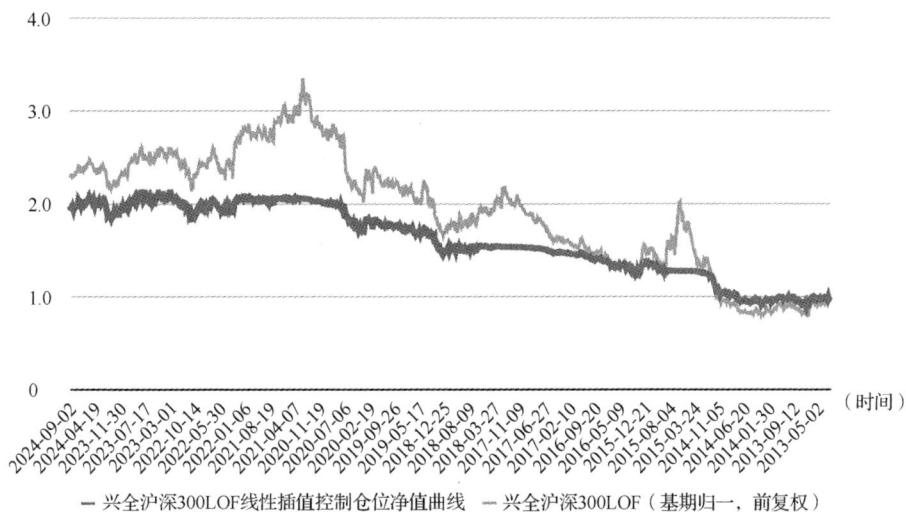

图 2-40　兴全沪深 300LOF 线性插值仓位控制策略回测

其次，策略的回撤明显优于对照组，对照组虽然最终净值占优（2.291），但持有期间的回撤也是巨大的（从 2021 年 2 月 19 日的净值高点 3.353 至 2022 年 10 月 31 日的 2.137，最大区间回撤达 36%），对于能否坚定持有的挑战无疑也是巨大的。而基于线性插值的简单仓位控制策略，其实际的净值回撤，肉眼可见地优于对照组。

最后，从成因上看，对照组的净值更高，其实源自指数增强基金叠加上超额收益后的更高的年化增长，也源于公募基金无法像 510300ETF 那样加杠杆罢了。如果追求更高收益，完全可以通过优化仓位控制模型实现。

实际上，如果我们将图 2-36 所示的 510300ETF 最大 150% 杠杆的收益曲线回测结果和图 2-40 所示的策略回测结果放在一起进行比较的话，孰更占优就可以看得更加分明了（见图 2-41）。

即便是一个风险偏高相对较低、不愿意加杠杆的投资者，也可以通过优选更好的指数增强基金来获得结果类似但过程更加舒适的投资回报。从这个角度看，指数增强基金确有其可取之处，当然，你需要找到可靠的指数增强基金。

接下来，我们需要思考的是：既然存在致力于获取稳健超额收益的指数增强型公募基金（但数量相对有限），那是不是还有一些虽然初心上不以追求稳健超额收益为目标但却客观上实现了类似效果的基金呢？如果有，那可

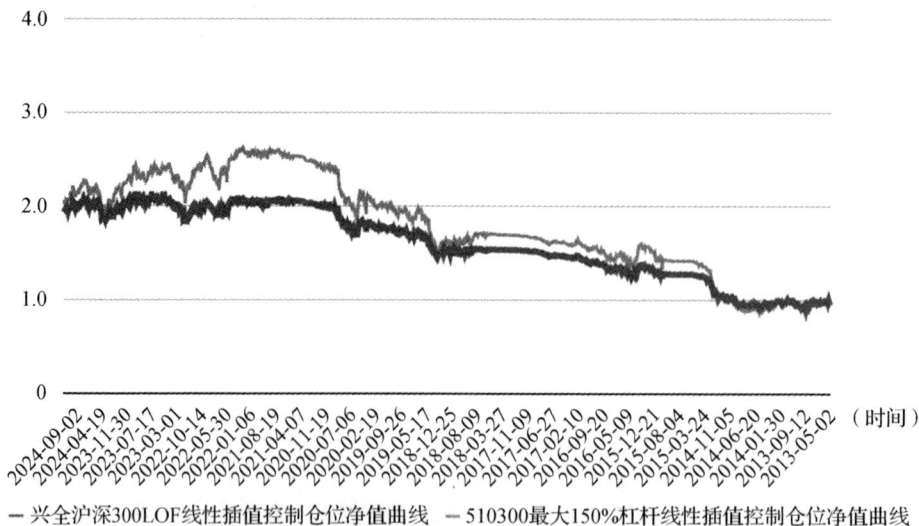

— 兴全沪深300LOF线性插值控制仓位净值曲线　— 510300最大150%杠杆线性插值控制仓位净值曲线

图2-41　指数增强基金为底仓与 ETF 加杠杆比较

能也提供了另一种类型的选择。

在列举具体的例证前，我们稍稍多点耐心，先思考一下对于这类基金该如何进行拆解分析呢？毫无疑问，如果将之视为一个刚才已经深入讨论过的指数增强型的基金，进而将基金净值 V 拆解成"$V \div P_{510300}$"和"P_{510300}"两个相乘的因子是可行的，并且解读也具有实际的意义。"P_{510300}"表征着对照组的收益，"$V \div P_{510300}$"是公募基金的管理人通过自己勤勉有效的主动管理所获得的超额收益，而我们的期待当然也就是"$V \div P_{510300}$"这个因子既高又稳。

但在这里，还是想给大家推荐一个稍稍变化，但是其含义可能更为深刻的杜邦分析拆解法。即：

$$V = (V \div pr_{N00300}) \times pr_{N00300} \qquad (2\text{-}4)$$

我们把沪深 300 净收益指数 N00300 的折溢价率（pr_{N00300}）作为一个单独的因子拆解出来，并把其余部分合并为"$V \div pr_{N00300}$"以求得恒等式的成立。

通过此前的分析，我们自然知道"pr_{N00300}"是有其客观意义的，它通过对大盘宽基蓝筹指数折溢价率的刻画，在很大程度上代表着市场整体的折溢价（估值）水平。

那么，"$V \div pr_{N00300}$"究竟指代什么呢？有没有客观的现实意义呢？没有的话，这一拆解是不符合杜邦分析法的本意的。我们可以尝试用这样的方法进行理解：

$$V \div pr_{N00300} = (V \div P_{N00300}) \times (P_{N00300} \div pr_{N00300})$$

$$= (V \div P_{N00300}) \times fv_{N00300} \qquad (2-5)$$

关于"fv_{N00300}"，本章第二节已经进行了较为深入的讨论，它所表征的沪深 300 净收益指数的公允价值，长周期看呈现稳健的增长态势。

关于"$V \div P_{N00300}$"，由于 P_{N00300} 和 510300ETF 高度相关（见图 2-4），结合指数增强基金部分对"$V \div P_{510300}$"的解读，我们可以知道，它表征的其实是公募基金的管理人通过自己勤勉有效的主动管理所获得的相对于沪深 300ETF 的超额收益。

那么，"$V \div P_{N00300}$"与"fv_{N00300}"相乘所得的"$V \div pr_{N00300}$"的客观指向就很清晰了，即公募基金的管理人通过自己勤勉有效的主动管理所获得的相对于沪深 300 折溢价率的超额收益。

请注意，这里相对的参照系变为沪深 300 折溢价率而不再是沪深 300ETF 的价格走势。这意味着，我们把沪深 300 净收益指数公允价值的增长一并纳入管理人能力的考量范围，而不再将其与沪深 300 净收益指数的折溢价率合并起来作为对照组进行考虑。这样做的目的有以下两种：

一是简化。尽管"fv_{N00300}"长周期看呈现稳健的增长态势，但毕竟有波动，我们在分析 P_{N00300} 时，依然要考虑到它的不确定性，还不如将其与管理人相对于 501300 收盘价的超额收益能力一并纳入考虑。这么处理，在某种程度上不仅仅是出于数学上的便利，也符合超额收益能力的本意，毕竟选择的投资标的能够稳健增长，本身也体现了管理人的慧眼独具。

二是突出。通过 $V = (V \div pr_{N00300}) \times pr_{N00300}$ 的拆解，我们将市场本身折溢价率波动这个相对客观的指标单独提出来，剩下的就是管理人主观能动性的体现了。正所谓"上帝的归上帝、魔鬼的归魔鬼"。对于"pr_{N00300}"，我们无力干预，只能在统计意义上进行解读和认知，并耐心等待其震荡到期望的水平上。毕竟，对于因为大盘折溢价率波动亏掉的净值，总是可以期待通过大盘折溢价率的反弹收回。而对于体现基金管理人主观能力的"$V \div pr_{N00300}$"，我们应从数学的角度加以严格考评，把真正优秀的基金筛选出来，因为，管理人凭自己的"本领"亏掉的钱，就不一定能够在以后拿回来，即便能拿回来，投资者也不一定会给他机会。

举个例子，在数以万计的公募基金中，稍稍用心挑选的话，总能找到一些不错的典型例子。易方达平稳增长混合型基金（110001）净值除以沪深 300

指数折溢价率之后的走势如图 2-42 所示。这个管理超额收益令人为之额首。

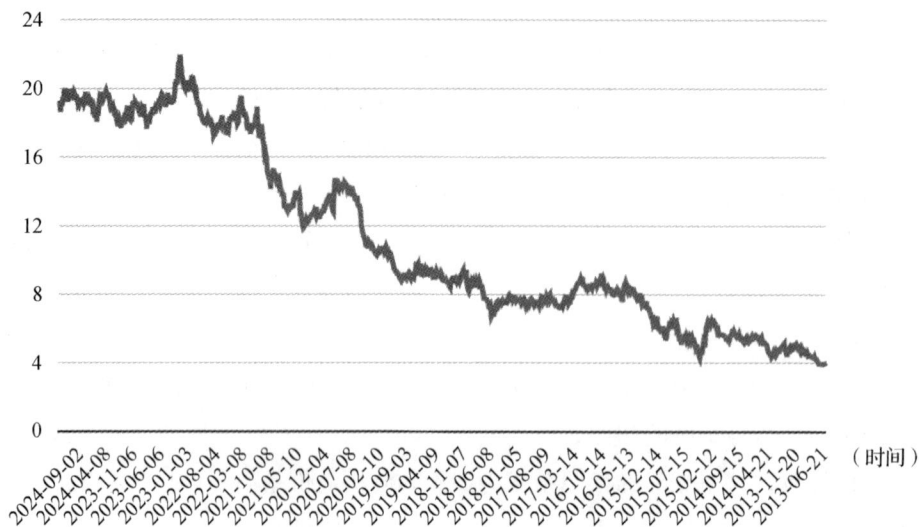

图 2-42　易方达平稳增长管理超额收益

为了以壮观瞻，我们不妨再取个自然对数解决一下复利因素的干扰。如图 2-43 所示，取自然对数后的易方达平稳增长管理超额收益，可以非常吻合地进行线性拟合。在 11 年的长周期里，线性拟合的 R^2 值可以达到 0.946，不得不点个赞。

$$y = -0.0006x + 3.1209$$
$$R^2 = 0.9458$$

图 2-43　取自然对数后的易方达平稳增长管理超额收益

细心的读者会发现，图 2-43 怎么这么眼熟呢？

在本章前文讨论沪深 300 净收益指数的公允价值增长时，我们对于沪深 300 净收益指数也是除以折溢价率后取自然对数并进行线性拟合，得到了图 2-9 所示的拟合结果。

对照观察图 2-43 和图 2-9，不能说是同卵双生，肯定是有血缘关系无疑了。从走势上看，两条线的超额能力何时更高一些、何时更低一些，大体同步；数学上，两者线性拟合的 R^2 值都在 0.94 左右，可以说是没有显著差异的，稍稍差别大一些的是线性拟合的斜率。易方达平稳增长的斜率大概要高出 N00300 指数斜率的一倍，充分说明其净值的增长效率要高于 N00300 指数。

细细比较两者杜邦分析拆解之处，也有类似之处。

对于沪深 300ETF，其价格 $P=(P \div pr_{N00300}) \times pr_{N00300}$

对于易方达平稳增长基金，其净值 $V=(V \div pr_{N00300}) \times pr_{N00300}$。由于 ETF 的价格与其净值也基本一致，因此，从这个角度看，我们甚至可以认为 "$P \div N00300pr$" 与 "$V \div N00300pr$" 本质上是一样的。

仔细想想，道理也不复杂，无非前者是通过既定的指数编制规则来选成分股并且不择时，而后者是通过基金管理人的主动选股及择时交易实现的。选股、择时这件事，干得好的话，当然要比一个相对机械的规则来得更强，所以它的斜率可以更高。

易方达平稳增长基金的存在，无疑进一步证明了对于公募基金（当然是要和大盘具有较好相关性的公募基金）来说，用 $V=(V \div pr_{N00300}) \times pr_{N00300}$ 的方法进行杜邦分析，不仅可行，而且具有独特优势，能够帮助我们更直观地发现、更深度地认识优秀的基金。单看图 2-44 所示的基金净值走势，是不是很有可能低估这只传奇基金的非凡之处？而图 2-42 是不是非常清晰地揭示了这一点？

较图 2-44，经过杜邦分析拆解后的图 2-42、图 2-43 更能坚定价值投资者在净值回落时的持仓信心、改善价值投资者在净值回落时的持仓体验。

由此看来，至少有一类基金的优秀之处，可以通过杜邦分析的方法来科学地判别，即将净值除以沪深 300 折溢价率后取自然对数进行线性拟合。

线性拟合的斜率代表了其主动管理创造超额收益的能力，线性拟合的 R^2 则表征了这一创造超额收益能力的稳健性。我们心目中的理想基金，无非是

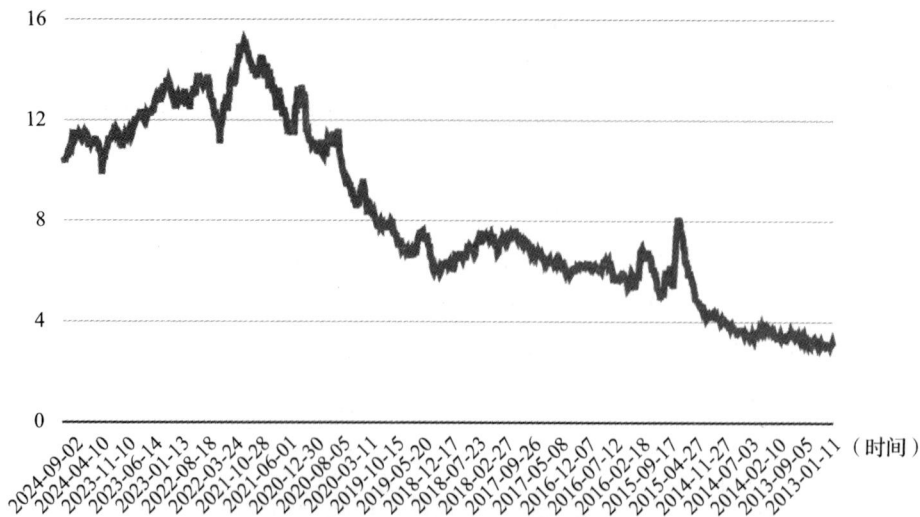

图 2-44 易方达平稳增长混合基金净值

斜率和 R^2 双高的组合。有鉴于此，我们完全可以对已经有较长存续期的基金进行一次大排名，挑选出那些斜率相对较高、R^2 相对较好的基金。

事实上，在易方达平稳增长外，我们的确是能够找到其他基金的，感兴趣的话，可以找那些名称中带有"价值""稳健""蓝筹"之类的已上市十年以上的基金，能有不少的收获。前面所举的易方达平稳增长混合，目的也仅仅是为了举例说明。

当然，依本书之见，实质重于形式，不管这些基金叫什么，只要它相对于 N00300pr 的超额是稳健的，本质上都是一款指数增强基金。

对于基金的比选，市场已经有无数的成熟方案，如夏普比例之类的。本书之所以要独出心裁，提出基于杜邦分析思路的数学方案，出于两个方面的考虑。一是杜邦分析的线性拟合，更为直观、更为简便，能够让人更直观地进行比选。二是市场总有大小年的波动，将这些波动不加剔除地用以考量基金的主动管理能力，恐怕会让真正的优秀基金被埋没。

实际上，对于绝大多数投资者而言，他们心目中的理想基金，既不是夏普比例高的，也不是杜邦分析线性拟合好的，而是能够无惧市场波动稳健增长的。但只要稍微深入思考一下，就会发现这是不可能实现的"既要""又要""还要"。如果一只权益类基金不管大盘的涨跌，都能保持恒定的增长，则要么是市场下行时的超额能力超强，要么是市场上行时的超额收益能力极弱，才能完全有效对冲掉市场大环境的影响。

如果真有基金管理人能够做到这点，个人的建议是他可以考虑做深度虚值的近月期权，如此精准的市场洞察能力和操控能力，用来做股票交易实在是大材小用了。完全应该用在杠杆率高到天际的深度虚值期权，那样的话，多倍投资回报就不是梦想。

那既然心目中的理想基金不可能存在，作为次优的选择，不妨考虑一下我们给出的解决方案。

$$V = (V \div pr_{N00300}) \times pr_{N00300} \qquad (2-6)$$

"$V \div pr_{N00300}$"所表征的是主动管理创造超额收益的能力，可以通过线性拟合的斜率和R^2比选、信赖。投资者或者投资顾问如何"选基"，不妨也参考一二。

本节的结尾，也安排了一个小小的彩蛋。

基金净值分析的杜邦分析，并不限于$V = (V \div pr_{N00300}) \times pr_{N00300}$这一个思路。有一些超级小众的基金，可以用完全不同的杜邦分析拆解体验。

这几年，每逢高考，总喜欢在朋友圈不那么"严肃"地推荐三只股票和一只ETF。分别是淮北矿业（600985）、中国核电（601985）、恒润股份（603985）、豆粕ETF（159985）。看代码就知道不是正经的荐股荐基，而是祝福每一位考生都能"985"心愿达成。

一来二去的，就对豆粕ETF这个商品ETF产生了特别的兴趣。尽管在证券交易所上市交易，但它是跟踪商品期货指数的，具体来说是跟踪"大连商品交易所豆粕期货价格指数收益率"的。和权益市场所谓的沪深300净收益指数完全没有关系，显然不能用$V = (V \div pr_{N00300}) \times pr_{N00300}$这样的方法进行拆解了。但这只在2019年才成立的商品ETF近几年确实"逆（股）势"涨得很好，一段时间还成为全市场的网红。所以，我们有必要加以探究。

基于一些技术上的细节考虑，我们改用和"大连商品交易所豆粕期货价格指数收益率"走势基本平行的豆粕指数（M8888.DCE）作为豆粕ETF的基准指数，并构建如下杜邦分析拆解思路：

$$V_{159985} = (V_{159985} \div M8888) \times M8888 \qquad (2-7)$$

其构造逻辑在于，一方面观察豆粕ETF相对于基准指数的超额收益情况，另一方面观察基准指数（M8888.DCE）的历史波动规律。如果都能在数学刻画上有所收获，无疑有助于对豆粕 ETF 价格走势的预判。

对于豆粕指数（M8888），从 20 余年的超长周期的观察中，基本可以将之视为一个围绕不断抬升的价格中枢震荡的模型（见图 2-45），具体原因由于不是笔者专业方向，就不班门弄斧了。

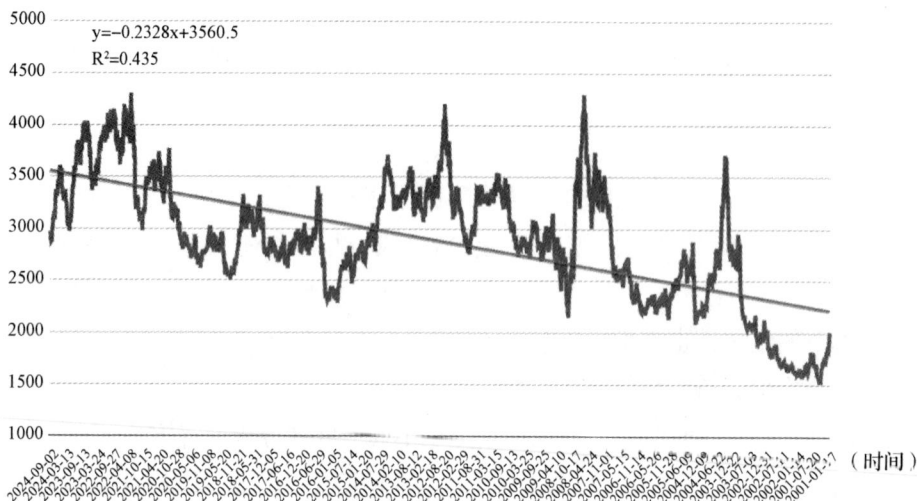

图 2-45　豆粕指数历史走势

剔除年化约 2% 的中枢抬升的因素后，可见多年来的震荡特征如图 2-46 所示。相对一致的负偏离底部约为 −20%（也有极值突破）。

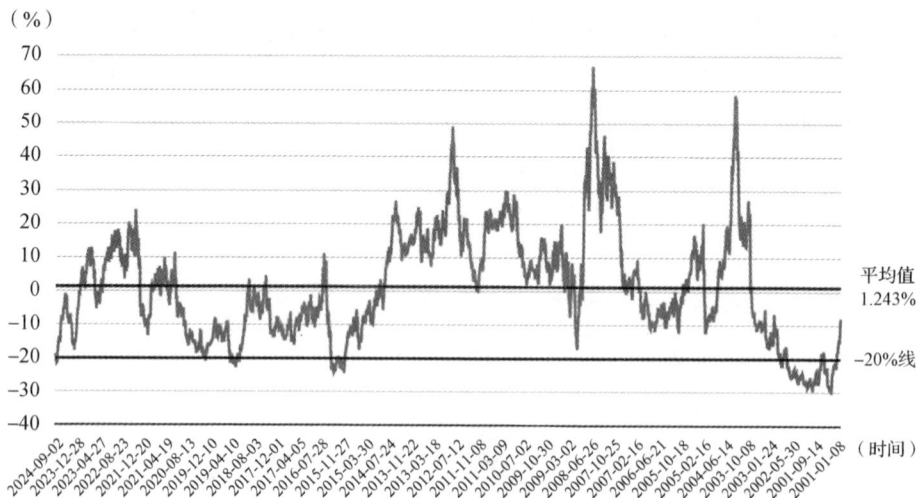

图 2-46　豆粕指数围绕价格中枢振幅

因此，单从豆粕指数的历史规律的角度看，较价格中枢偏离度达到 –20% 水平时，无疑是比较理想的买点。

下一个需要攻克的难关在于"$V_{159985} \div M8888$"的数学刻画了。还好，尽管三言两语讲不透彻内在逻辑（感兴趣的读者可以深入研究，和期货合约的换仓有关，也和国内豆粕市场期货交易特点有关），但图 2-47 给出的历史规律却不难认知。

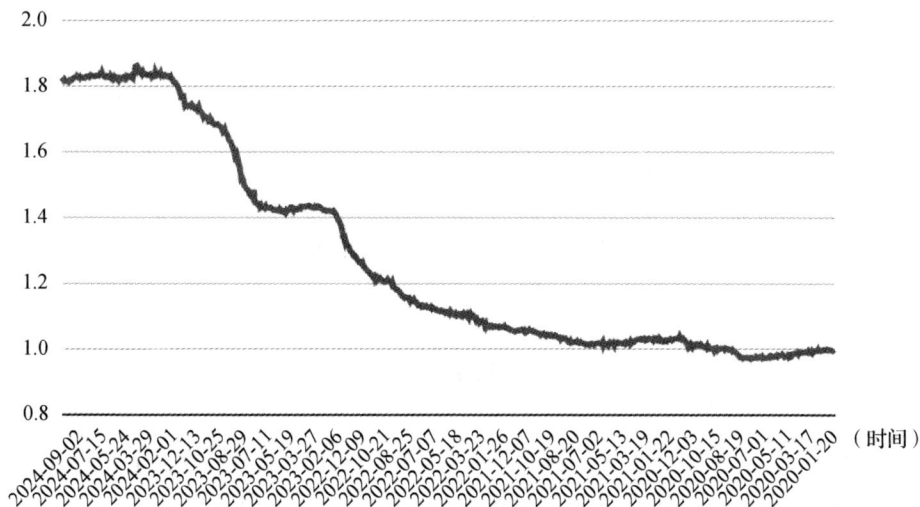

图 2-47　豆粕 ETF 相对于豆粕指数超额情况

总体而言，"$V_{159985} \div M8888$"所表征的豆粕 ETF 相对于豆粕指数的超额情况，呈现不定期抬升的状态。偶有回撤，但幅度十分有限；也有较长时间的平盘，但不定期会来一次或温软或猛烈的抬升。因此，"$V_{159985} \div M8888$"这个因子总体上无需过于担忧，即便不能带来超额投资回报，总体上也不会拖后腿，对于普通投资者而言，可以视之为可遇不可求的彩票。

基于图 2-45 和图 2-46 的解析，我们不难看出，如果运用杜邦分析的思路，至少在 2024 年 9 月 2 日之际，中长线投资豆粕 ETF 需要考虑的是能否基于历史运行规律触底反弹的问题，而不是图 2-48 所直观展示的高位回落的问题。

你说呢？

图 2-48　豆粕 ETF 历史走势

股票

价值投资者手中的工具，除公募基金外，还有一大类是自己上手操作的股票。自行交易获得的良好收益回报，其成就感和参与感远不是投资公募基金可以比拟的。因此，在理解公募基金后，我们自觉迎战股票的挑战。看看新杜邦分析法的思路如何帮助我们构建股票的交易框架。

首先给出对于股票价格 P 基于杜邦分析法的三因子解析思路。即：

$$P=(P \div pr) \times (pr \div pr_{N00300}) \times pr_{N00300}$$
$$=fv \times (pr \div pr_{N00300}) \times pr_{N00300} \tag{2-8}$$

第一个因子是公允价值 fv，可以通过 $P / \sqrt{PB \times PE \times r}$ 的方式，较为便捷地获得。而最期待的理想结果当然是公允价值能够既高效又稳健地增长。自然地，我们应该优先考虑那些 ROE 大体稳健的股票。

以隧道股份为例。如图 2-49 所示，隧道股份过去 11 年的公允价值的增长曲线确实比较稳健。取自然对数进行线性拟合的话，得到如图 2-50 所示的足以令人惊叹的结果。不仅实际曲线与拟合曲线贴合得令人满意，而且 R^2 值达到了极为夸张的 0.969 的水平，甚至比图 2-9 所显示的沪深 300 净收益指数公允价值的拟合效果（$R^2=0.939$）还要好。

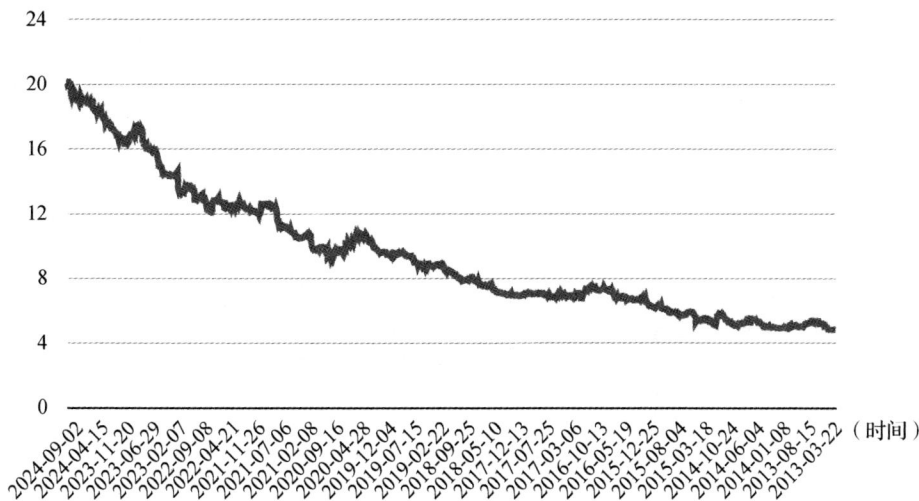

图 2-49　隧道股份公允价值 fv 增势

事实上，尽管远未达到唾手可得、遍地开花般普遍存在，但在沪深 300 成分股（以及中证 500 成分股）里去找寻类似隧道股份这样多年呈现公允价值稳健增长态势的股票，并不是一件特别为难的事情。图 2-51 仅仅是聊举数例以证其言罢了，尽管可能取自然对数后线性拟合的效果达不到隧道股份那样的 R^2 值，但初步建立了对其公允价值未来继续稳健增长态势的信心。

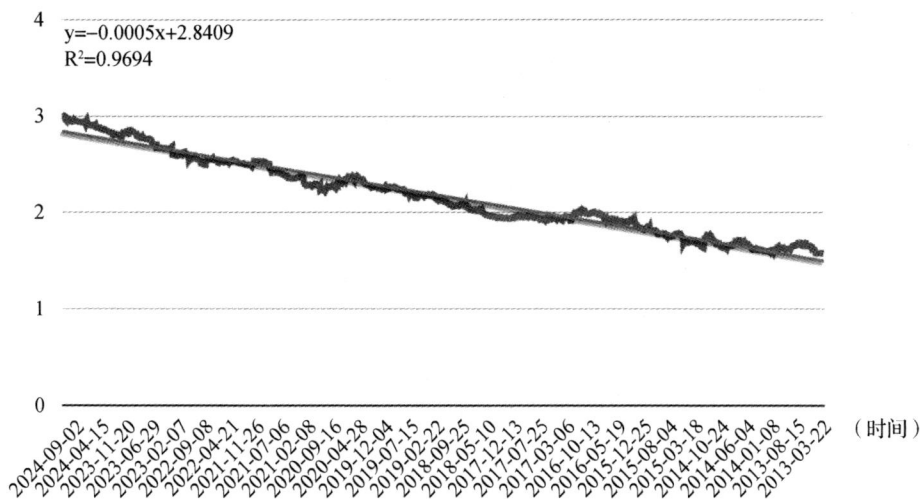

图 2-50　取自然对数后隧道股份公允价值线性拟合

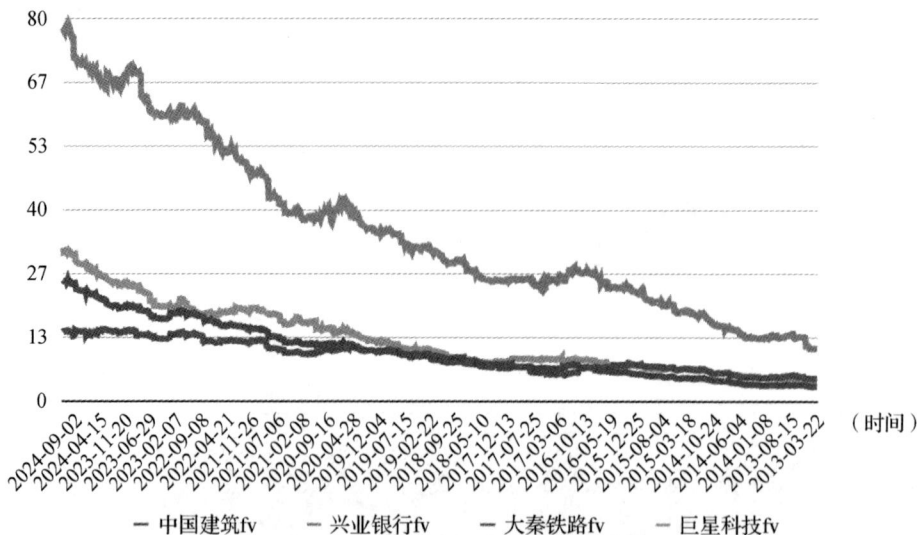

图 2-51 公允价值稳健增长的股票示例

更进一步地，如果我们把行业性的指数或者特征性的指数也视同一只股票去分析的话，也能找到一些类似于隧道股份这样公允价值稳健增长的指数。图 2-52 是已经可以收集到的例证。尽管可以想象其线性拟合的 R^2 值不那么惊艳地高，但公允价值稳健增长也不是难以接受的假设。

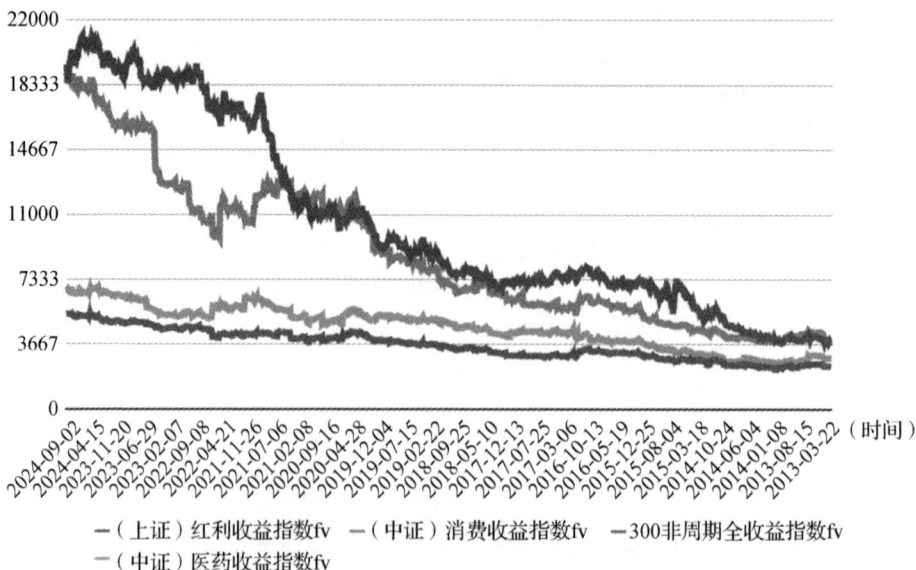

图 2-52 公允价值稳健增长指数

这样的公允价值长年稳健增长的股票以及指数（对应着 ETF），值得每一个价值投资者用心收集、收藏。这就是我们潜在的入围标的池。收藏得越多，可供优选的空间越大，选到折溢价率更低（从而投资安全性和回报率更高）的标的的可能性越大。

以上是关于杜邦分析拆解第一个因子公允价值 fv 的分析。而第三个因子 pr_{N00300} 此前已经有了较为充分的讨论了。如我们所信，它是一个均值 73%、标准差 8% 的肥尾正态分布。

那么，如果我们能够在此基础上再进一步有效地掌握第二个因子——"$pr \div pr_{N00300}$"，则我们就能够在三个因子综合分析的基础上，获得对股票价格 P 的有效预测。

在第一章的讨论中，我们发现了折溢价率 pr 这个自定义指标的重要的优点，即对于 ROE 水平不相关。也就是说，不同 ROE 水平标的间的 pr 值，可以直接进行简单比较。那么，"$pr \div N00300pr$"的内涵就非常清晰了，它不包含对于 ROE 的差别的刻画，而专注于市场对这只个股的扬弃。

这几年，银行股、房地产股的日子不好过，市净率连 1 都达不到，无非就是市场对于银行、房地产开发的极端不看好罢了，既有行业性的，也有个股性的。但风水轮流转，三十年河东三十年河西，今天的"牛夫人"，当年也曾是"小甜甜"，过几年说不定又是"乘风破浪的姐姐"了。

更何况，就如同房地产的价格一样，值不值得出手买，关键还是要看价格，价格打到地板上，只要还能保持稳健盈利的态势，只要"$pr \div pr_{N00300}$"打得折足够多，还是有其投资价值的。

$$P = fv \times (pr \div pr_{N00300}) \times pr_{N00300} \qquad (2-9)$$

这个公式，几个因子刚好可以借鉴概念组来理解和把握。

"pr_{N00300}"就是"天时"，它表征的是大盘的冷暖，据此可以确定权益投资的仓位，即投入多少资源用于权益类的投资，如本章前文所分析过的那样，如果在"pr_{N00300}"处于低位时加仓，而在"pr_{N00300}"走高时逐步止盈，整体看，将是优于始终满仓操作的收益。

"fv"就是"地利"，它表征的是个股的公允价值的内在增长，据此可以进行个股的优中选优。我们最喜闻乐见的，应该是那些取自然对数后线性拟合的斜率、R^2"双高"的股票。这样我们所能期待未来的增长既高又确定，的确是价值投资最好的标的。这样的股票池，我们要努力收集建立，以利于

"优中选优"。

"$pr \div pr_{N00300}$"是"人和"，它表征的是个股在全市场的扬弃程度。"东边日出西边雨"，总有些个股相对于大盘更强，又总有些个股相对于大盘更弱；"此一时、彼一时"，对于大多数行业而言，也不会始终强于大盘或者始终弱于大盘。这里面就是"青菜萝卜各有所爱"了，有人也许喜欢抄底，更加偏好"$pr \div pr_{N00300}$"正处于底部的股票，期待"否极泰来"的到来；有人也许喜欢中庸，既不选高的也不选低的，专宠那些能够基本保持在"100%"附近的股票；有人也许喜欢弄潮，坚信"强者恒强"的道理，偏好那些市场表现最为亮眼的股票。其中的选择，无关对错，无谓优劣，清醒地知道自己的偏好和选择，并勇敢地直面其短板就行了。

如此看来，在股票的价值投资上，既要"重天时"，据以调节总体的权益类投资仓位；又要"谋地利"，不断丰富完善可供优选的"股票池"，并且坚持"宁缺毋滥"把盈利不稳健的股票剔除在外；还要"思人和"，通过对市场扬弃度的深入观察分析，结合自身的投资偏好和大势研究，确定入池股票优选的方向。

三个因子中：天时"pr_{N00300}"和地利"fv"都是相对客观的，利用本书所提供的分析思路，冷静地观察、认知、采信即可；人和"$pr \div pr_{N00300}$"则包含主观因素的，需要结合自身的能力、判断加以比选。主客观既要有机结合，更要有效隔离。在对天时"pr_{N00300}"、地利"fv"的考量中，可以有基于充足理由的修正，但绝不能纳入主观的因素；而在对人和"$pr \div pr_{N00300}$"的决断中，绝不能超越客观的仓位限制和股票池入选要求。唯此，方可谓真正冷静科学的"价值投资者"。

反思无数标榜为"价值投资者"的失败教训，大体可以从上述的分析框架中找到缘由。有的从不顾及"天时"，pr_{N00300}所表征的大盘已近狂热，还是一味贪功冒进，终不免在"泥沙俱下"的均值回归中黯然收场。有的叶公好龙，未能坚持"fv"的准入标准，一些盈利能力波动巨大，甚至陷入年度季度亏损的票，也因种种原因被贪婪地纳入股票池，终不免自欺欺人惨淡收场。有的罔顾"人和"，对于"$pr \div pr_{N00300}$"所表征的市场扬弃度未能有效观察、度量，或是追逐热点而钝于感知，或是贪求便宜而昧于大势，进退留转之间毫无章法可言，终不免饮恨大渡河畔。

不妨以中国建筑为例，个案解剖一下。

天时"pr_{N00300}"正处于大有可为之际（见图 2-25），不复赘述。

地利"fv"无论是盈利的效率还是盈利的稳健性，都显著优于 N00300 指数。如图 2-53 所示，其中，对照组的 N00300fv 做了线性处理，以便比较。

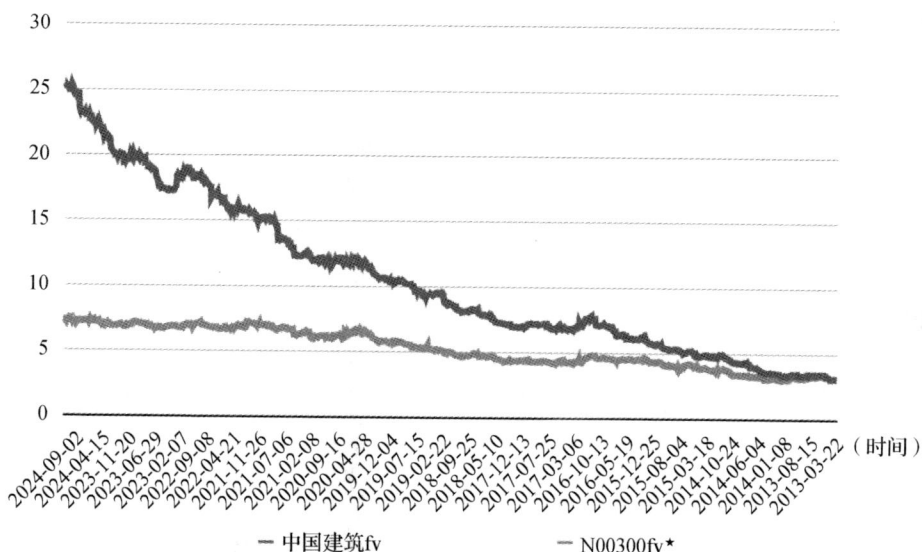

図 2-53 中国建筑公允价值 fv 增长

人和"$pr \div pr_{N00300}$"如图 2-54 所示，其中颇有可观之处。

图 2-54 中国建筑市场扬弃度

2013~2019 年，中国建筑的市场扬弃度（$pr \div pr_{N00300}$）总体上在 50%~100% 震荡，这是可以理解的，相对于宽基指数而言，个股总归具有更大的不确定性，因此，扬弃度的震荡中枢原则上应该小于 100%，其中的道理与 N00300pr 的震荡中枢小于 100% 类似。这期间，随着国家调控的政策和房地产市场的运行、公司盈利的波动，呈现一些窄幅波动，也完全可以理解。总体而言，2013~2019 年，对于中国建筑的"人和"，可以有多种的解读，自圆其说即可。

2021 年后，画风陡转。"$pr \div$"震荡中枢突降为 40%，运行区间一变为 [30%，50%]，应该怎么看？

首先，再迟钝的投资者，只要还自诩为"价值投资者"，就应当看到，伴随着新冠疫情的影响、房地产市场远近期环境的改变以及国际地缘政治格局的改变，建筑业的运营环境发生了深刻变化，应予格外折价。此时 50% 的扬弃度，就不能坚持旧观点认为是超低值，而利令智昏，全仓梭哈。

其次，2021 年，中国建筑的市场扬弃度反复下探 30% 的超低值；进入 2022 年，底部呈现逐步抬升态势；2023 年，在实现了公允价值的增长恢复长周期水平的前提下，"$pr \div pr_{N00300}$"位于 40% 左右。这时，就应当考虑，是否已经存在超跌的可能，毕竟此时 N00300 的折溢价率本身已经接近历史极值，房地产市场的政策环境已经回暖，公司自身的经营也基本恢复正常，再额外加打四折的个股扬弃度，恐怕有点过分了。期望再获得 2021 年的 30% 的超低个股扬弃度，较为困难。如果对建筑业存有后期可以正常利润率经营的大势预期，则价值投资者对此动心了。

以上是对中国建筑个股，利用杜邦分析法进行拆解的分析思路，一家之见，仅为释例。

市场上的好公司不少，有一些公司的盈利稳健性没有那么高，是不是就只能被这种分析方法拒之门外了呢？

显然不能，不然我们的选择余地就太窄了。那该怎么分析呢？我们可以将其分为两种情况进行技术性处理。有一类公司，常年 ROE 的运行区间是相对确定的，只是在少数年份由于特殊的市场环境造成短期的 ROE 高企，那么我们的分析只需要剔除掉短期的泡沫，虚拟为一个常态的 ROE 水平即可。这样，即便后期 ROE 回归常态水平，也不会遭遇"戴维斯双杀"。

以巨星科技（002444.SZ）为例，主营业务偏重海外市场，如图 2-55 所示，常年 ROE 基本在 11% 左右窄幅震荡，低也有 9%，高不过 13%。（ROE 采用 MRQ 市净率除以 TTM 市盈率的方法间接求得，与定期报表数据略有不同）但在 2020 年，由于海外竞争者的缺失，ROE 超历史地达到了最高近 17% 的极端高位。

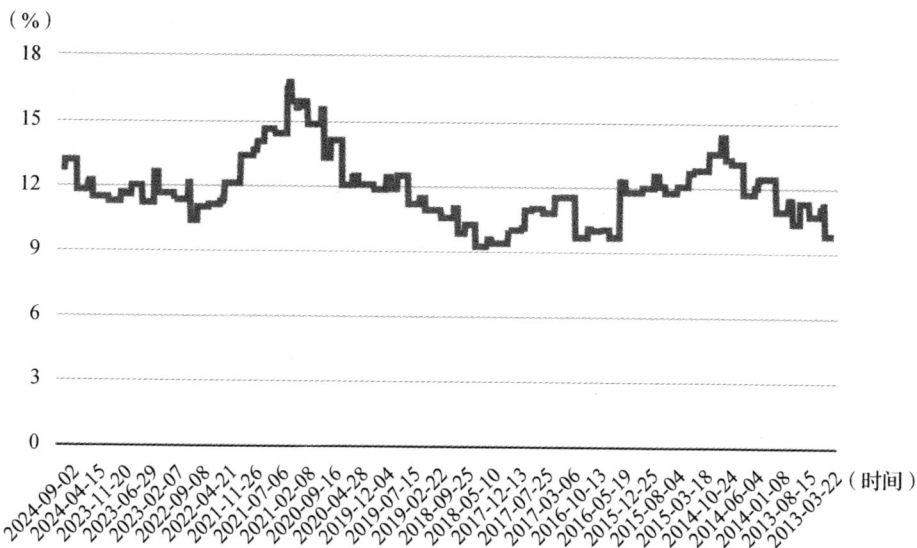

图 2-55 巨星科技 ROE 波动

这时，我们绝不能因噎废食，将其视为地利不稳定的股票剔除出股票池之外。反而，应该积极采取办法克服这一短期干扰因素。办法其实很简单，就是以正常区间高点（13%）的数值计算一个虚拟的 EPS，据此计算出修正后的 PE 值，从而进行后续分析就行。

虚拟的 EPS 小于实际的 EPS，因此，修正后的 PE 将大于实际的 PE，修正后的折溢价率 pr 将高于实际的 pr，修正后的个股扬弃度将高于实际的 "$pr \div pr_{N00300}$" 计算结果。无论是绝对意义上（折溢价率）还是相对意义上（市场扬弃度），都更好地突出了股价的高估，以利于下跌止盈的决心，从而帮助避免后续的 ROE 恢复常态区间带来的"戴维斯双杀"损失。

类似地，我们可以用这个方法分析那些因突发事件而陷入短时困境的公司，以免沧海遗珠。当然，使用这一修正方法的前提是，能够确信该困境确系一次性因素导致，后续将能恢复常态。

2021 年，中天科技因陷入专网通信骗局，一次性计提信用及资产减值准备 10.91 亿元，严重影响当年盈利（2021 年年报 ROE 降至 0.73%）。由于如此精妙的骗局不太可能反复发生，因此，可以考虑以人为修正的方法帮助认知。

具体的思路如下：考虑到每股净资产受一次性事件冲击有限，对于影响期（2021 年三季报至 2022 年中报，共 4 个季度）内的中天科技 TTM-ROE，人为修正为 6% 的历史底部取值，再根据 PE=PB÷ROE 的公式逆向计算修正后的 PE，并据此进一步计算中天科技修正的折溢价率 pr 和个股扬弃度 "pr÷pr_{N00300}"。

图 2-56 很好地揭示了技术性修正所能带来的改变，使中天科技的历史数据能够更好地服务未来预测。

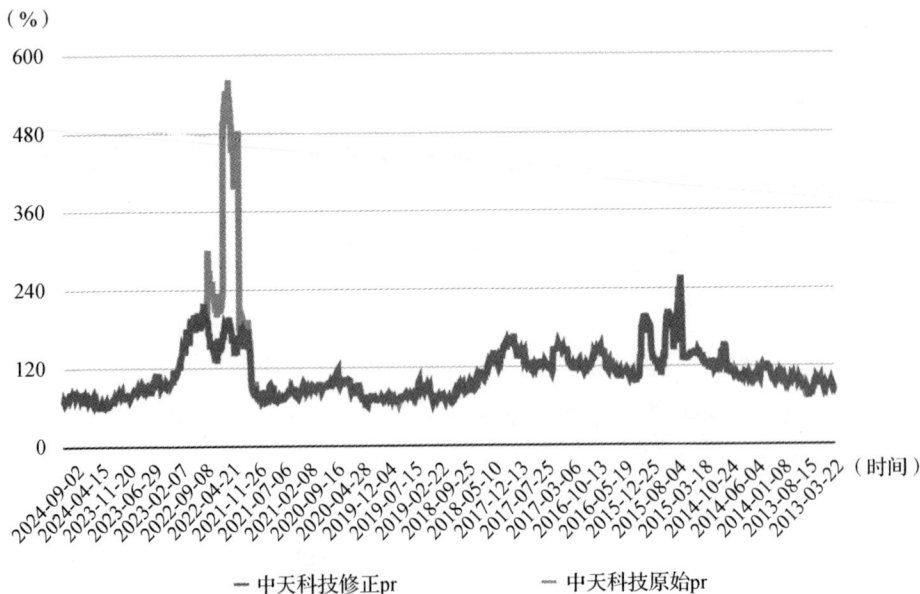

（%）

图 2-56　中天科技折溢价率 pr 修正

有一类公司是，并未发现存在单次的极端 ROE 行情，但由于市场的原因，其 ROE 水平呈现较为规律的宽幅波动。说它业绩稳健吧，大小年间的 ROE 波动还挺大，股价上周期性面临着"戴维斯双杀"的威胁；说它业绩不稳健，剔除出可接受股票池吧，但最差的年景也有值得认可的 ROE 水平，一味竣拒不免过苛。全市场 5000 只股票，能够值得珍惜的不多，还是要多多包容。

怎么办，只能也在技术上想想办法了。比较简单的方法是，把长期均值以上的 ROE，都人工修正为长期均值附近的水平，从而调高在盈利大年的折溢价率，促进及早减仓止盈，减少"戴维斯双杀"的威胁。

另外，蓝筹股的股价大多数和大盘冷暖具有较强的相关性，"人和"的指标 pr÷N00300pr 能够较好地反映市场的扬弃度，但也有少数业绩优异的蓝筹股，其股价运行独立于大盘，又该如何分析呢？

一个比较典型的例子是长江电力，作为两市最有名的价值投资股票（之一），其长周期股价呈现较为稳定的震荡向上态势（见图 2-57），且其公允价值增长也较为稳定（见图 2-58），但其相对于沪深 300 净收益指数的市场扬弃度却波动较大（见图 2-59），远超过股价的震荡幅度。

这是为何呢？

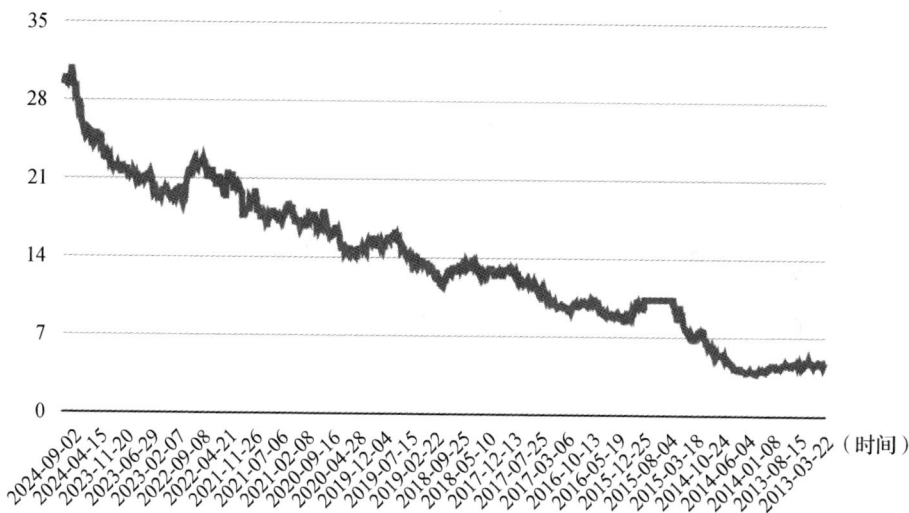

图 2-57　长江电力股价走势

其实是我们的杜邦分析拆解思路出了问题。作为一家市值巨大、盈利稳定、行业特殊、业绩可预测性强、价格相对合理、美誉度极高的上市公司，长江电力是包括价值投资者在内的各类投资者的"心头好"。在多重因素叠加之下，共同造就了其稳步上行的股价特征。

换句话说，长江电力的股价本与大盘走势不甚相关。在这种情况下，人为引入 N00300 折溢价率这个拆解因子，正可谓"画蛇添足"之举。因为 N00300 折溢价率的巨幅波动，反而导致了长江电力相对于沪深 300 指数而言

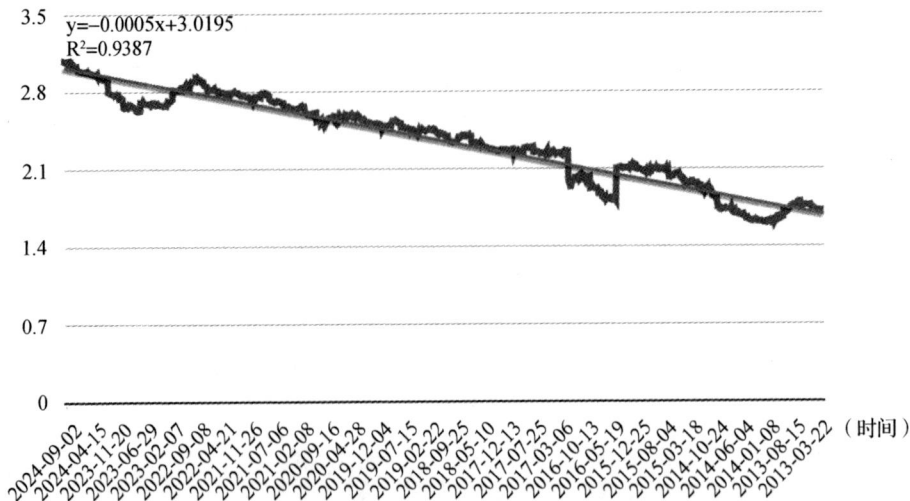

图 2-58　长江电力公允价值增长——取自然对数后

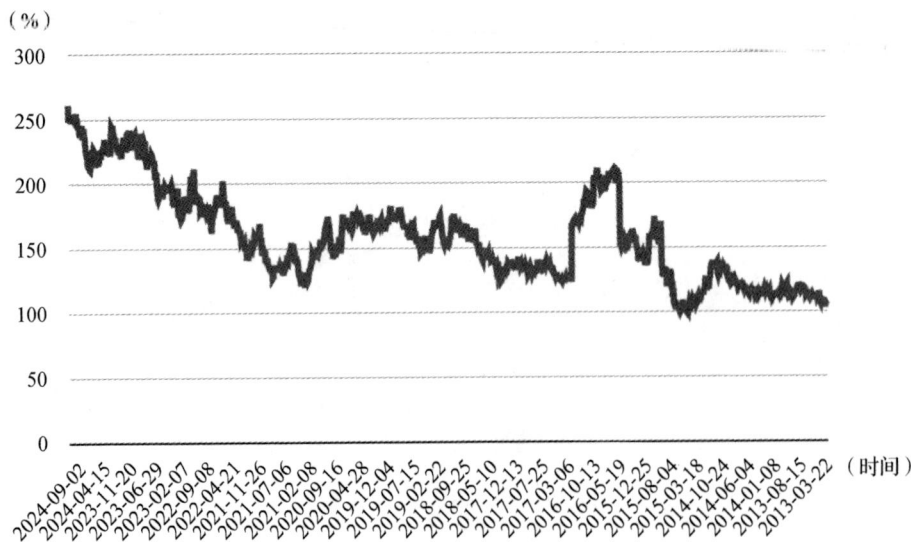

图 2-59　长江电力市场扬弃度

的市场扬弃度的巨幅波动。

　　这样的拆解并不是有意义的拆解。早在序章中，我们就专门提出，杜邦分析中"分解所得的变量均有其现实且客观的意义，而非臆造的数学结果"。对于长江电力而言，既然与大盘不相关，那么相对于沪深 300 指数的市场扬弃度就是臆造的数学结果，并不具有现实且客观的意义。自然不应该采用这种拆解思路。

事实上，对于长江电力这样的"高端食材"，最朴素的"烹饪方式"可能才是最为恰当的。

就长江电力而言，P=fv×pr 的简单拆解，更能帮助我们捕捉事件的本来面貌。如图 2-60 所示，在 2015 年完成了重大资产重组后，长江电力的折溢价率已经保持了近 10 年的区间震荡。下限 100%，上限 150%。这一区间无疑体现了全市场参与者对于长江电力的极度热捧。但考虑长江电力身上那么多的珍贵特质，似乎也不难接受。

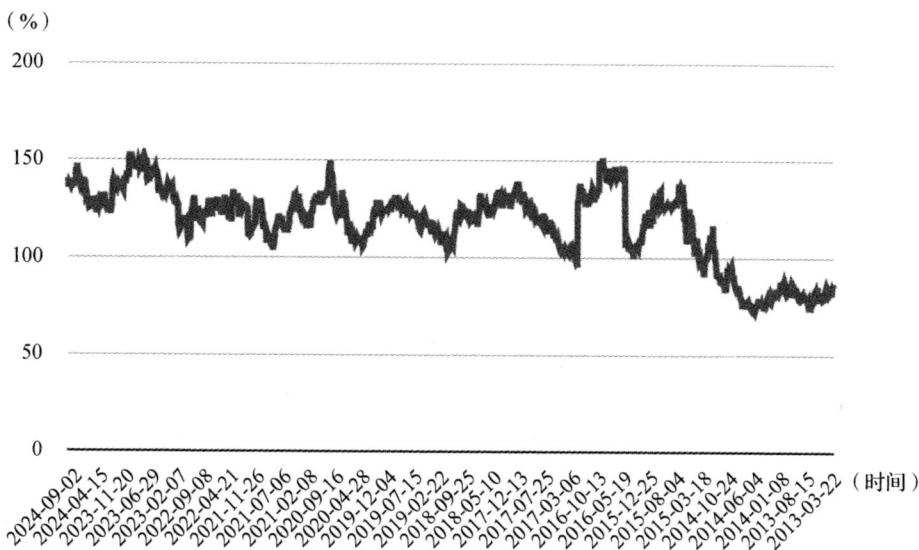

图 2-60　长江电力折溢价率

对于长江电力未来股价的运行，借助于其公允价值的可预期增长和折溢价率的区间震荡，应该能给出令人满意的区间预测。

照例，我们也在本节的结尾讨论一个话题。在本章第三节，我们试着审视了一下沪深 300 净收益指数的季月效应，除了发现 11 月初 ~12 月中这一相对可靠的上涨效应，没有什么有价值的发现。但这是可以理解的，毕竟沪深 300 净收益指数是一个大盘宽基蓝筹指数，此消彼长之下好多细节趋势都被对冲掩盖了。

在完成了对股票杜邦分析的原理探讨后，我们不妨审视一下股票的季月效应。毕竟，至少从理论上看，有一部分的上市公司的业绩呈现季月的规律波动，那么，会不会带来股价上的季月效应，以及应该如何发掘和把握呢？

对于承德露露这样有明确产品淡旺季和业绩周期波动的公司而言，简单的分年汇总，即可以清晰揭示出其相对明确的季月规律。如图 2-61 所示，每年 3 月中至 6 月中，随着气温的抬升，承德露露的股价随之有接近 15% 的规律性走强。就像长江电力一样，根本无须更加复杂地分析进路了。

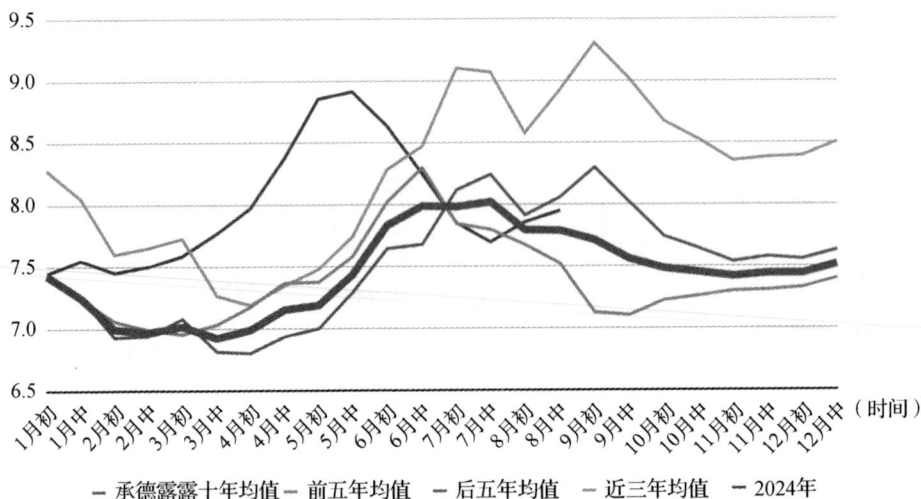

图 2-61　承德露露股价季月因素分析

但对于绝大多数上市公司而言，其季月效应的发掘要困难得多，否则的话，炒股就是一个动动手的小游戏了。

我们进行有难度的分析。上市公司——爱尔眼科，由于客户群体、服务内容以及毛利率水平的差异，很难从直觉上判知其逻辑上的季月效应。

而如果采用逐年列示价格走势的方式，我们也难以发现类似承德露露那样鲜明的季月特征。能够从图 2-62 中发掘出可靠规律的，一定是数字处理的高手。

即便我们采用一些分时段汇总的技术，得到图 2-63 这样的结果，也很难采信其展示出来的特征。毕竟，由于其股价增速较快，使平均值的计算思路有点失效了。

这个时候，我们需要借鉴 N00300 指数季月分析时的思路了，通过对爱

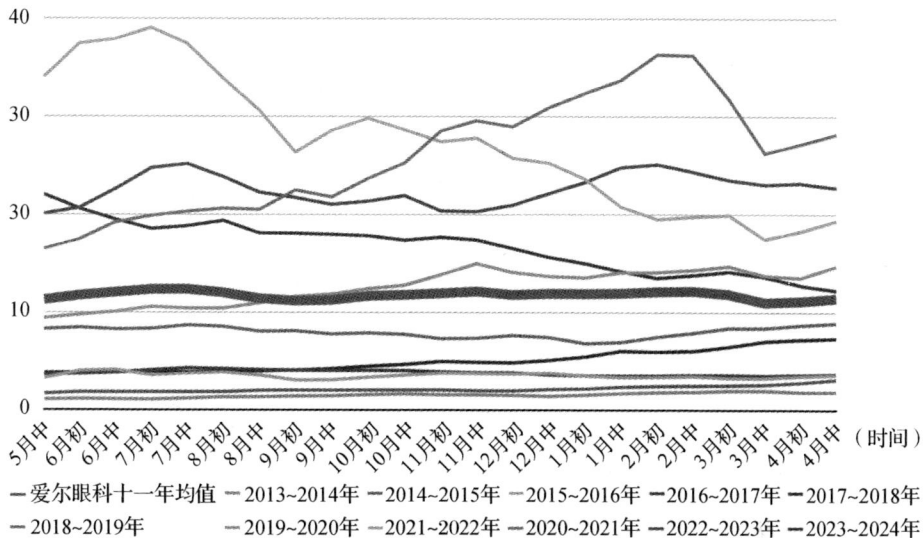

图 2-62　爱尔眼科股价逐年季月特征

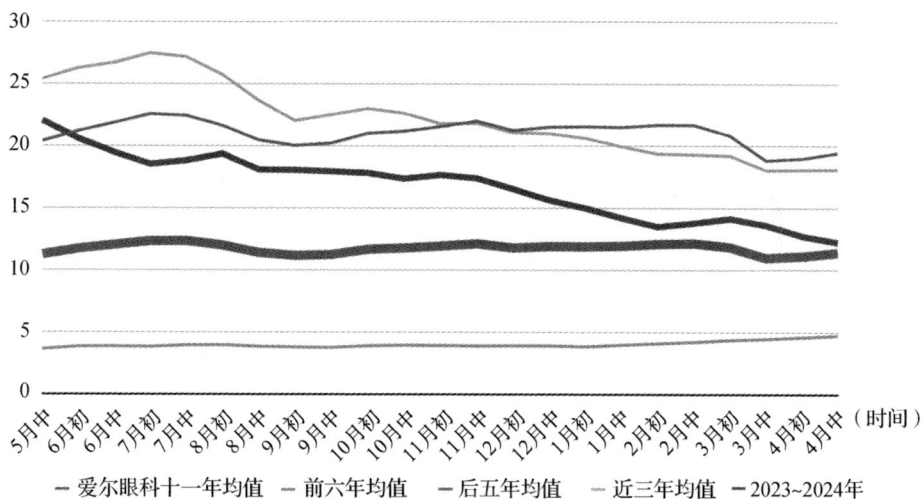

图 2-63　爱尔眼科股价分时段季月特征

尔眼科股价的有效杜邦分析来排除数据的"污染"。具体的解析思路类似于长江电力：

$$P=fv \times pr \tag{2-10}$$

通过对折溢价率 pr 的列示，较之图 2-63 稍显凌乱，图 2-64 似乎更能够提示我们重点关注 5 月中至 6 月中的相对一致地增长。

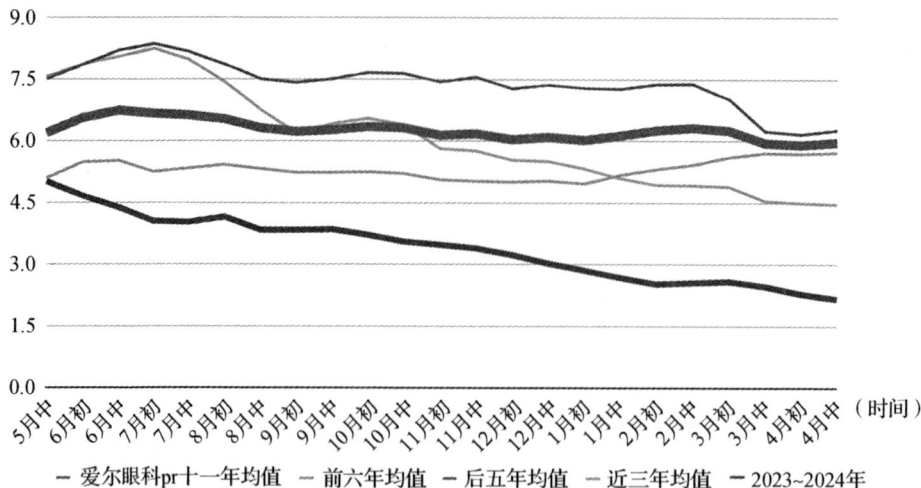

图2-64　爱尔眼科折溢价率分时段季月特征

在这里，我们的时段起点改为5月中，时段终点又改为次年4月中。其原因并不复杂，因为我们讨论的是折溢价率，需要考虑公允价值变化的影响，这样的时段设置，能够帮助我们摆脱公允价值变化的影响。（可参见本章第三节的讨论）

而从杜邦分析的角度出发，折溢价率和股价之间还需要公允价值的桥梁。但好在5月中至6月中这期间没有定期报告的干扰，所以，我们就可以聚焦于5月中至6月中的实际股价走势了。

聚焦到5月中至6月中这个具体时段后，我们对于股价的逐年列示效果（见图2-65）就比较清晰了。除了2023年，爱尔眼科在锁定这个时段，股价走势是比较值得期待的。

需要补充说明的有两点。

其一，折溢价率的季月效应不是我们最终的关注，只是提示我们更好地聚焦有价值时段的一个线索。对于存在季月效应的股票，我们往往难以像承德露露那样在繁杂的数据中立刻找见规律特征（承德露露因为多年股价运行区间大体相同和主营业务特殊性，所以才能被轻松锁定）。我们需要在折溢价率提示的基础上，结合对公允价值变动的理论分析，最终从股价层面对季月效应加以确认。

其二，从本章第三节对于N00300指数以及此处对于爱尔眼科的季月效应的讨论中不难看出，2023年是个相对"奇葩"的年份，股价的走势

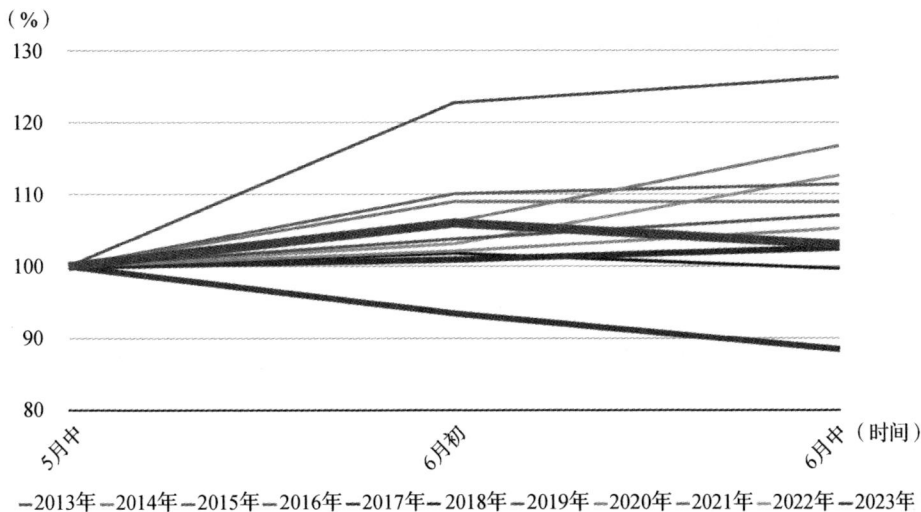

图 2-65　2013~2023 年爱尔眼科 5 月中至 6 月中股价走势

全年呈现下滑态势，即便是季月效应的长期规律，也很难对抗。这无疑也在提示我们，季月效应仅仅是影响股价运行以及折溢价率波动的一个重要因素而已，即便在聚焦的短时间内，也没有能够占据决定性优势，因此不能简单地将之视为单一的投资参照。我们讨论季月因素，不是为了展示特定个股的季月效应，而是为了展示杜邦分析思路的用武之地。这是工具的价值！

关于个股选择的讨论，我们就此暂告一个段落。下一节，我们继续讨论的是关于股票的组合和交易。

股票的组合与交易

在无数次重复折溢价率和杜邦分析思路后，我们稍稍喘口气。通过耳熟能详的案例，继续我们对于股票交易方法论的讨论。众所周知的是，一只股票上涨 10% 后再下跌 10%，或者下跌 10% 后再上涨 10%，其结果都是一样的，即总体而言亏 1%，而不是平本。数学地看，背后的逻辑是这样的简单：

$$1-（1+10\%）\times（1-10\%）=1\% \neq 0 \qquad （2-11）$$

这个数学结论值得重视，它提示了不同的基数对于投资回报的影响可能不是直觉所能简单暗示的。但我们所要关注的是在此基础上更进一步的反直觉的观察和分析。

上述的数学逻辑说明：对于一只股票，如果我们始终通过加减仓的策略保持同样的市值，那么经过一番涨跌之后，如果股价回到原位，那么我们将较期初获得盈利。当然，盈利的水平和期中的震荡有关，但一定是盈利的。

简单举个例子。一只股票期初价 10 元，建仓 1 万股，市值 10 万元；不久后涨至 12.5 元每股，遂减仓卖出 2000 股，市值仍为 10 万元，另有现金 2500 元；再经历一段时间，股价跌回 10 元，故又动用现金买入 2000 股补仓。此时，股价与期初相同，都是 10 元每股，股数与期初一致都是 1 万股，但收获了 2500-2000=500 元的现金盈利。

收益率看起来并不算太高，仅仅只有 $500 \div 100000 = 0.5\%$ 而已。尤其与期间 25% 的股价波动相比，更是少得可怜。究其获利的原理，更是用"高抛低吸"四个字即可简单揭示，盈利的源泉来自 12.5 元的高位卖出 2000 股后在 10 元的低位重新买入。反之，如果股价先跌到 8 元，再涨回 10 元，类似地低买高卖操作也将收获一定的收益。

这一细微的收益和背后简单的逻辑，相信会被无数交易高手所轻视。随便做一下日内的 T，都可能收获比这个更高的收益回报。但是，我们要认识到，上述的交易是数学意义上的高抛低吸，而不是投机性质的高抛低吸。数学意义上的高抛低吸"保熟"，而投机性质的高抛低吸不保熟。

对于价值投资者而言，所投资的股票年内有 25% 的波动当不是小概率事件，那么通过数学上的分析，额外收获 0.5% 也是一件乐事啊！毕竟，我们只想挣自己能力范围内的钱罢了。

我们从不怀疑，这世界上一定有高手能够在短期投机的交易策略下风生水起，但这一定是多数人难以习得、难以认知的天赋异禀。正如本书前文所宣示的那样，"对于那些暂时无法用逻辑解释的现象，只能报以'六合之外，存而不论'的态度，艳羡但却不盲从"。

我们也真诚建议，此类的短期投机的高手，真的可以考虑换一个赛道。近月深度虚值期权，不妨认真考虑一下，现在的可交易标的也不少，由策略最大风险可知，而预期回报率巨大。它所需要的，也仅仅是对于短期市场波动超乎寻常的感知和预判能力而已。相同的能力需求，为什么不选择一个回报更高的领域呢？

当然，也不影响我们从逻辑上思考这件事。既然市场上并未出现期权交易稳健地年化盈利百倍以上的神话，那么，是否可以合理地反过来推定，可能鲜少有人能够在短期投机中博得稳定的胜率？倘真如此，"保熟"的数学意义上的高抛低吸，因其胜率上的优势，似乎至少有些微的可取之处了。

毕竟，如我们所信，N00300指数的公允价值长期看是稳健增长的，其折溢价率很可能是以73%为均值、8%为标准差正态分布的，那么沪深300ETF的价格，至少在折溢价率低于均值的时候，是可以期待其回到基期的价格的。而对于那些与N00300相关性较强的个股而言，这一结论也大体适用；对于那些与N00300不太相关的个股而言，如果自身的折溢价率能够有规律性特征为我们所洞悉，那么类似的结论也是可以推导出来的。

如此说来，对于真正的价值投资者而言，数学意义上的高抛低吸值得做、应当做，不是吗？

当然，我们不会满足于此、停步于此。正如本章前文所曾讨论过的那样，至少对于沪深300净收益指数（N00300）这样的折溢价率呈现正态分布特征的标的而言，可以基于折溢价率的水平线性调整其仓位。那么，为什么不将这一仓位的调整与前面我们所分析的数学意义上的高抛低吸结合起来呢？

在此基础上，对于个股而言，我们在交易上应采取方法，把基于pr值的仓位控制和基于数学方法的高抛低吸结合起来。

以中国建筑简单加以说明。

如图2-66所示，从市场扬弃度的角度，在房地产以及建筑业获得彻底转机前，可以认为中国建筑的市场扬弃度的震荡区间为［30%，50%］。鉴于N00300指数的折溢价率-3X标准差至3X标准差的震荡区间为［49%，97%］，那么，未来中国建筑的折溢价率震荡区间为［15%，49%］具有一定合理性。且这一区间预测，从中国建筑的折溢价率历史波动范围看，也并无违和之处。

在2024年中报发布后，中国建筑的公允价值约为24元。据此，我们可以换算得知其合理预测的股价区间为［3.5元，11.6元］。以拟投资规模100万元，最大杠杆50%设计，仓位控制及高抛低吸合二为一的交易计划如表2-5所示。

（%）

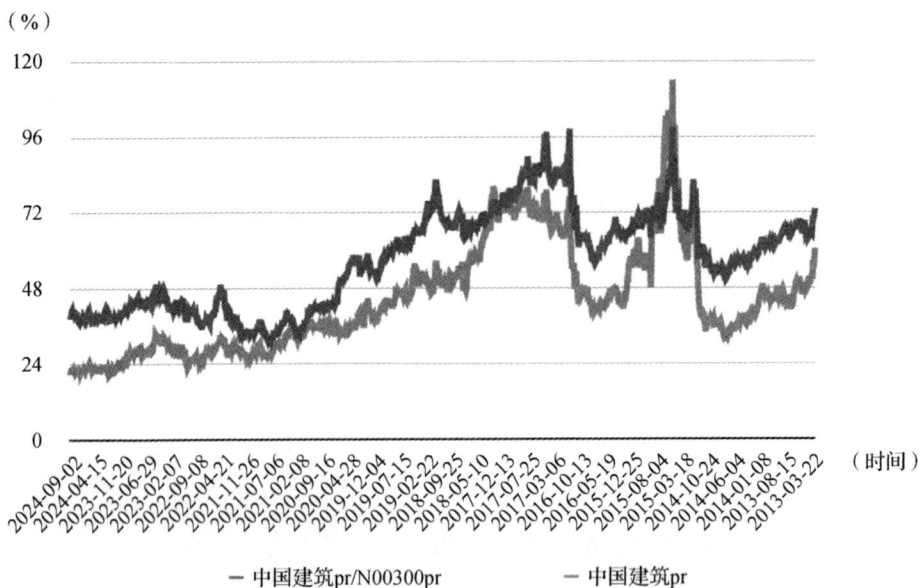

── 中国建筑pr/N00300pr　　　　── 中国建筑pr

图 2-66　中国建筑市场扬弃度与折溢价率

表 2-5　中国建筑短期交易计划

折溢价率（%）	对应股价（%）	仓位系数（%）	对应市值（万元）	换算股数	备注
49	11.6	0	0	0	预期折溢价率区间上限
43	10.3	25	25	26000	
38	9.1	50	50	60000	
32	7.7	75	75	106000	预期折溢价率区间中位
26	6.2	100	100	172000	
21	5.0	125	125	275000	
15	3.6	150	150	455000	预期折溢价率区间下限

　　这是一份时效性仅有几个月的计划，当中国建筑 2024 年三季度报发布后，其公允价值又将发生变化，而我们届时需要据此进行规划调整。

　　如何评价这份规划呢？溢美的表述只能是次优计划罢了。如果股价在短期内上涨到 7.7 元以上，此前任何的减仓操作都会带来收益上的减损。但问题的关键在于，我们如何确信股价会在短期内上涨到 7.7 元以上的位置呢？

本书第一章第一节开宗明义，"科学的交易建立在价格特征之上"。也就是说，有多大的碗吃多少的饭。

基于本书对中国建筑及其背后的 N00300 价格特征的分析，我们只能给出表 2-5 所示的交易特征。如果能确信中国建筑的股价可以在短期内 100% 涨到 7.7 元或者有 80% 把握涨到 7.7 元（这也是价格特征的一种表现形式），那么我们完全应该制订另外一份交易计划。恰恰因为我们勇于承认自己对市场前景的无知和对股价干预的无能，所以，我们能够给出现有价格特征认知下的最佳应对方案。

承认自己的无知和无能，并努力尝试在已有条件的基础上做出自己的努力，以求最值得期待的结果，难道不是真正意义上的价值投资者所应该追求的意志品质吗？从这个意义上讲，表 2-5 很有参考价值。

当然，必须声明，表 2-5 中的取值仅仅是个人观察，大家完全可以有不同的认知和方略，列表仅仅是为了更好地解释其逻辑过程罢了。

个股的交易计划就此阐述完毕。下一个挑战是如何构建自己的股票篮子。

如前所述，每一个价值投资者，都应该努力拓展、调整自己可接受股票池，池中的股票不管现在的折溢价率如何，至少其盈利稳健的特征需要具备并且在后续不断地检验。在可接受股票池的基础上，我们需要做如下四个步骤：

第一步，根据 N00300 的折溢价率确定投资的总体仓位。以 1000 万元的股票总可投资规模而言，截至 2024 年 9 月 2 日，N00300 折溢价率为 54%，在最大 50% 杠杆的指标控制下，基于 73% 均值、8% 标准差的采信结果，如表 2-4 所示，其合理的仓位为 135%，即加 35% 杠杆，总投资预算为 1350 万元。在此基础上，如果以单票的风险集中度不超过 10% 来设计，那就是一共可以投资 13 只股票。

第二步，就现有的可接受股票池中的股票进行数据更新，确定其最新的折溢价率以及市场扬弃度。其中，对于一些盈利波动性较大的股票，需要按照本章第六节所述的方法，进行必要的修正，以使我们的分析数据不至于过度地为短期因素或一次性事件所干扰。

第三步，精心地构建入选股票池。值得注意的地方大概有两处。其一，必须致力于降低系统性风险。不可否认，我们的绝大多数股票都是和大盘

（也就是 N00300pr）相关的，那么我们要做的就是尽可能选入一些和大盘不相关甚至负相关的标的。长江电力与大盘相关性不高，那就尽量入选，甚至可以考虑额外增加一点点权重；巨星科技和人民币汇率负相关，中金黄金作为黄金股有其独特价值，也不妨多多关照。此外，还要考虑行业的分布，减少行业的风险暴露集中度。其二，即便对于与大盘相关的股票而言，市场扬弃度也只是一个参考指标，而不是排序指标，入选与否仅仅是参考而已，需要给出自己的分析和判断。

第四步，对于光荣入选的股票，根据其 pr 值波动特征及预测，参照表2-5，逐一给出具体的交易计划和建仓规模。在定期报表发布后，要及时地更新修订交易计划。

以上的选股及交易，既烦琐又保守，但却有其相对坚实的逻辑支撑，预留了足够多的风险应对空间，实现了主客观结合的交易规划。更何况，依本书之见，保守一点，最多是收益少一点，容错能力更大，并不是致命的错误，反而会在关键时刻能够保住本金。

1915 年创办的上海银行，是我国近代创建的第一家民营银行，不到 20年就成长为中国当时最大的民营银行。其创始人陈光甫被誉为"中国的摩根"。其创业理念："人争近利，我图远功；人嫌细微，我宁烦琐"，殊值珍视。笔者有幸得劳刘义林先生挥毫相赠，以为圭臬。特引于此，以求共勉，并作为第二章的结束（见图 2-67）。

图 2-67　刘义林先生手书

第三章 备选的交易工具

从盈利源泉的角度看证券二级市场投资

证券二级市场是一个万花筒，参与者众多、获利机会众多、交易策略众多，让人常有乱花渐欲迷人眼之叹，无从下手、难以入门。不妨从盈利源泉的角度，对二级市场的交易机会进行分类辨析，进而以对标用策的朴素观点，提出相对应的典型交易策略和交易机会，借以构建整体的交易框架。

简言之，虽然是统一的市场，但二级市场的盈利机会却有不同的源泉，不应混同视之，更不应仅用单一视角去观察分析，刻舟求剑、守株待兔，只会让证券投资沦为一场冒险岛游戏。许多有其科学内涵的投资策略，往往准确性和有效性并不尽如人意，恐怕至少部分原因即在于此。

以本书的观察，二级市场盈利的源泉，至少可以分为五组、十类（不完全列举）：价值提升、估值泡沫；常态概率、异常套利；独家资讯、偶然事件；产品迭代、策略叠加；政策福利、市场红利。通过每组两类的两两对照观察，可以得到更加清晰的认知和感悟。

对于以上五组、十类盈利源泉，投资者应该用有针对性的方法去捕捉交易机会，方能事半功倍、称心如意。其中，属于可遇不可求的，要采取得之我幸的超然态度；属于天赐不可辞的，要有失之我殇的坚定信念；属于人事不可怠的，除非毅然放弃，否则需要潜心钻研；属于日渐不可行的，除非天赋异禀，否则最好委托专家代为实施。

上述的盈利机会，有的基于事件冲击、有的基于时间价值、有的基于内在逻辑、有的基于逆向思维，有的基于市场气氛、有的基于政策红利，……，凡此种种，不一而足。从策略归因的角度，为便于比较分析，本书将其析分为五组、十类，也仅仅是尽可能覆盖各种情况，但仍免不了挂一漏万的缺失。所幸，大体能覆盖目前个人认知的各类情况了。

一、第（1）组：价值提升 VS 估值泡沫

第（1）组共同点在于：都很重视数据化的投资逻辑。无论是全市场或者个股的价值提升，还是全市场或者行业的估值泡沫，其投资的逻辑都离不开数据，甚至离不开对数据的估计预判、辨析比较。这也是投资者最常接触到的研究报告、投顾建议的主旨逻辑。

不同点在于：都很重视数据的同时，价值提升的策略归因，往往将分析后的数据作为策略构建和交易决策的基础，必要时适当辅之以其他因素即可；而估值泡沫的策略归因，往往仅仅是将数据作为众多参考因素之一，更加强调综合分析的整体结论，而不会将估值数据作为最核心的判断理据。

价值提升比较典型的例证有：银行 ETF（512800）、金融 ETF（510230）、红利 ETF（510880）。其投资逻辑在于，长周期看，市净率等估值水平的指标正处在历史低位，而 ROE 等反映价值随时间提升的指标长期保持稳健，并且大体可以令人满意，加之行业盈利模式暂时看不出人的变化、预期未来大概率继续保持，即便估值水平继续保持低位，也能依靠价值提升来获取较为满意的投资回报。在条件未发生显著变化的前提下，意在价值提升的投资者往往认同长期持有、长期投资的理念。

估值泡沫的典型案例有医药股、网络股、科创板。企业、行业当下的经营数据并不是支持股价的核心因素，投资者的投资逻辑在于对未来的较大幅度的增长预期，基于对未来的充分乐观，即便现在的价格从估值的角度已属高估，但投资者仍然愿意进场，并意图通过更高水平的估值获利。有趣的是，尽管投资者基于对未来的乐观预期而决定投资，但其往往不会耐心等待预期的兑现以及相应的估值回归正常后继续持有，而是在估值进一步提升后获利了结或者在估值未能如愿提升后毅然止损离场。

实际上，就大盘整体而言，也存在估值泡沫的问题，反映了对未来经济前景的整体预期，只不过，医药股、网络股、科创板表现得更明显一些罢了。过去十多年大盘指数整体未见提升，某种程度上是在慢慢地消化历史形成的估值泡沫罢了。

二、第（2）组：常态概率与异常套利

共同点在于：都是基于大胜率预期的张网捕鱼策略。不管是基于常态情

势还是异常情势，都是根据历史经验或者理性分析，能够预期到一种大概率的未来可能性，并基于此构建相应的投资策略，进而期望通过大概率最终达成实现盈利。

不同点则在于：虽然都是大胜率的预期，但所称的"常态概率"指一种经验或逻辑的常态演进，基于经验或逻辑，有 A 大概率会出现 B，所以基于 A 做出预期 B 的投资决策；所称的"异常套利"是逻辑或经验的偏离回归，基于逻辑或经验，应该是 A，但现在反常出现了 B 且认为大概率会回归到 A，所以基于 B 做出意指 A 的投资决策。前者往往经验重于逻辑，后者往往逻辑重于经验。

常态概率的典型例证有两种。其一，基于 K 线组合、均线系统、量价关系等自身因素的，也就是各类投资书籍主要介绍的内容，在此不复赘言。唯有一点，对于此类常态概率，笔者认为有必要进行进一步的辨析，初步的不成熟观点是可以尝试将之分为"经验规律""因信而灵""数学把戏"三类。

"经验规律"可能是碰巧触及了某个具有内在科学性的逻辑，因而多数时候见效，不恰当的比方可能就是中医；"因信而灵"是这一经验规律本身并没有科学依据，但由于大多数投资者的共同信服而生效，不恰当的比方是西医中的安慰剂效应；"数学把戏"可能是一种精心设计的数学迷局，通过复杂的数学处理，把一组历史数据处理得符合某种规律并指导投资，但其实并无可信依据。

其二，不依赖于 K 线组合、均线系统、量价关系这些自身因素，而是在标的外进行探索发现。

比如说基于德国股市对美股的追随效应，会导致某些特定的德跌美涨的日子，大概率可以预期第二天德国需要补涨，则可以通过 513030（德国 30ETF）这样的跨境 ETF 进行大胜率投资决策。其逻辑的精要在于，欧美同属发达资本主义国家，资本市场走势具有一定的正相关性。鉴于中国、欧洲、美国在交易时间上的天然次序，如果夜间（就中国而言），德国市场未有涨跌，而美股因为某个特定因素大涨或者大跌，那么可以合理推测次日德国股市也应追随进行补涨和补跌。但在次日中国股市开市后，513030 的定价仍以德国此前的收盘价来作为基准，往往有一个日内的交易机会。由于 513030 这样的跨境 ETF 实行的是 T+0 的交易制度，在中国股市收市前，如果德国股市的盘前期货已有应有异动时，甚至可以在日内完成这一基于常态概率逻辑的交易闭环。

异常套利的典型案例也不少。凡是对坚实的逻辑关系或经验现象的异常偏离，都可以构成一次异常套利。耳熟能详的，如期现套利、ETF 与一篮子股票的套利等。偏门一点的关注点也有，如个股对 ETF 的高度相关性、AH 股溢价率、转债相对于转股价值的溢价率，等等。后文有机会详述。

三、第（3）组：独家资讯与偶然事件

共同点在于：独家资讯也好、偶然事件也罢，背后都是事件驱动型的投资获利模型。某个已经或者即将发生的事件，在很大程度上将导致方向确定的价格变动，在某些情况下价格变动的幅度还蔚为可观。这便构成了二级市场上大家都感到十分激动的事件（驱动型投资机会），往往能吸引众多眼球。

不同点在于：为了区分，可以将独家资讯视为"主动型"投资，偶然事件视为"被动型"投资。不管是自己苦心研究的行业内情，还是外部专家的分析研判，甚至是偶然听闻的小道消息（非内幕消息），只要不是公众广泛知悉且自己研判决定予以采信并付诸行动，都可以归结为独家资讯。

偶然事件是不管出于何种原因已经持有（或做空）某一标的，现在发生了意料之外（至少是难以准确预测）的偶然事件，并因此带来了意外的收益。

独家资讯的典型案例有多种，如小道消息（非内幕消息），高手的点拨，出于自身对所处行业的深度了解而获得的独特观察视角，能够获得一手的、高效的海外资讯等。

偶然事件的典型案例更易认知。比如，基于对化工行业或者个股的看好，买入并持有浙江龙盛（600352）后，突然遭遇"3·21 响水爆炸"事件的冲击，因国内外市场的竞品供给受到极大影响，浙江龙盛的股价短时间内上涨一倍不止。

又比如，基于锁定油价、防范通胀等原因，投资并持有一部分南方原油（501018）或者黄金 ETF（518880）后，突然发生了一件加剧政治经济冲突的大事，诱发原油或黄金的暴涨。

四、第（4）组：产品迭代与策略叠加

共同点在于：产品迭代与策略叠加都是在既有投资策略基础上的优化。既有的投资策略可能对，也可能不对；可能好，也可能不太好，但经产品迭代或者策略叠加后，总体而言相对更好一些，要么风险被锁定或降低了，要么收益增加或更可靠了，风险收益比一定比原来好就是了。

不同点则在于：产品的迭代是通过引进新的金融工具，并利用新金融工具的内在优势取代老的金融产品。比如，可转债相对于其正股，ETF相对于股票，FOF相对于基金，期权相对于期货。本章后面几节会重点展开。

必须强调的是，这种产品迭代优势的发挥，有着严格的适用前提。换言之，并不是所有时候更高阶的产品都具备相对优势。而策略的叠加，是在已经持有投资品的基础上，通过叠加一个数学的操作策略、外部的操作策略，以增厚收益。

产品迭代最典型的例子是可转债。在债现价相对于转股价的溢价率正常、股价也在转股价附近的前提下，利用可转债代替正股进行投资操作，能够获得"T+0"交易、下跌风险相对更有限、无涨跌停限制、下跌转股价强制赎回等条款的额外保护、最小交易单元降至1000元左右等相对优势。

尽管不能保证一定投资成功，但大概率要比投资正股要领先一个段位。另外，一个案例是ETF，个人投资者投资ETF，相对于个股而言，无疑踩雷的影响要小很多，需要关注的标的要少很多，交易的摩擦成本也要少很多（免收印花税）。

策略叠加的典型案例也有一些。一是如果认同前文所列的金融ETF或银行ETF、红利ETF的长期投资价值，或者是认为当前国际油价大概率处于历史低位（考虑通胀因素），并进而买入并打算长期持有相当于未来3~5年家庭用油量的南方原油以对冲油价上涨风险。那么，在买入持有并打算长期投资的基础上，开展一些网格交易的策略，大概率能够在上下震荡中获得较单纯持有更为丰厚的收益。二是如果认可低价银行可转债的投资安全性与收益的可观性，那么，利用可转债的特殊优势，开展一些网格交易的策略，大概率也能够在上下震荡中获得较单纯持有更为丰厚的收益。

五、第（5）组：政策福利与市场红利

共同点在于：都不是自身可以决定的，而是贪天功为己有的沾光。源自国家的制度关怀也好，源自此前投资者的忍痛割肉也罢，对现有的投资者而言，都是可遇不可求的无功受禄。

不同点在于：政策福利需要感谢国家，因为中国特色社会主义市场经济的制度安排，使投资者能够获得（近乎）无风险的获利机会。市场红利要感恩前人，因为有他们在市场上的奋战厮杀和忍痛割肉，因为有他们持续的偏见和无视，才给后来者提供性价比高的新的投资机会。

政策福利最典型的就是主板打新了，主板市场人为限定的 23 倍市盈率使打新成为市值彩票，深受投资者认可。借此机会赘述两句的是可转债的打新和科创板的打新。

由于可转债天然内嵌了为期 5~6 年的看涨期权，加之可转债的打新无须市值而实行信用申购，小微投资者持续参与可转债打新谋取打新收益，就成为了一种小额的准政策福利。

至于科创板的打新，则存在一定的博弈，上市后的暴涨能否诱发发行市盈率的再次攀升，还有待观察。为审慎起见，暂时就不定义为政策福利了。

市场红利的典型案例。还是以可转债为例，由于可转债这一投资品种的内在优势，因此，绝大多数的时候，全市场对于转债内嵌看涨期权的估值都较现在为高，绝大多数的时候，全市场中低于面值的可转债属于罕见现象。

但基于市场的悲观情绪，现下的可转债，不仅存在较多的低溢价率甚至负溢价率的现象，而且存在一些跌破面值的可投资转债。无疑，这就是前人用其"血肉"创造的市场红利。如果可操作，做多溢价率（同时做空正股、做多转债），恐怕是收割低溢价率转债的市场红利的一个比较好的策略。

从以上个人见解的角度，将证券二级市场投资的盈利可能，归因为五组、十类。一方面，肯定有许多错漏之处，难免贻笑大方；另一方面，也确实穷尽了笔者所能观察到的各种机遇，并努力进行了逻辑梳理。

做这件事，并不仅仅是为了增加谈资、博取眼球，而是基于一个朴素的投资观点，那就是对标用策。不同的钱要用不同的指导思想、不同的策略方法去赚，与上述盈利归因不符的缘木求鱼、南辕北辙的策略方法，也许可以一时一票获得成功，但早晚不堪重托。证券投资顾问以及投资者似乎都有必

要引起重视。

仍然是基于个人的浅见，笔者认为，从上述五组、十类的盈利归因出发，至少采取以下四种不同的基本立场：

其一，可遇不可求，得之我幸。对于估值泡沫类、偶然事件类、政策福利类的缘由带来的盈利机会，我们只能以谦卑、虔诚、感恩的心去欣然接受，除必要时积极举手参与之外，似乎也无法做更多。当然，也不应该将投资获利的希望全部地、片面地寄托于此。

其二，天赐不可辞，失之我殇。对于价值提升类、市场红利类的缘由带来的盈利机会，我们应该要保持定力、耐心等待，这是我们最不应该放过的盈利机会。当然，也要时刻保持开放警醒，对于内在逻辑悄然发生了深刻变化的，要及时抽身，不能刻舟求剑、守株待兔。

其三，人事不可怠，潜心钻研。对于常态概率类、产品迭代类、策略叠加类的缘由带来的盈利机会，我们要睁大眼睛、潜心钻研，力争能够学习、掌握更多的、更可靠的交易策略，从而在相同的市场环境下发掘更多的机会。当然，不要走到死胡同里。

其四，日渐不可行，委托专家。对于独家资讯类、异常套利类的缘由带来的盈利机会，我们可能要战略性放弃。因为随着专业投资者越来越多，分析研究的工具越来越先进，个人投资者在这场竞赛中的获胜希望或者性价比只会越来越低，不如委托专家去做。

以上四种思路，从难度系数的角度是日渐提升的，从发挥个人主观能动性的角度是步步向上甚至最后求诸外脑的，从普通投资者的角度是有所为又有所不为的。

之所以采取这种分类方式，源自个人的一点浅见：银行业的核心价值在于"调配"，保险业的核心价值在于"分担"，信托业的核心价值在于"通道"，证券业的核心价值在于"参与"。如何让投资者借助证券行业的帮助，更好地"参与"到经济的发展、市场的震荡、事件的冲击中，是笔者自认的职责所在，也是本书的目的所在。姑为本章引言。

可转债

随着可转债信用申购制度的广为人知和可转债打新的良好历史回报，相信绝大多数投资者对于可转债并不陌生。随着正邦转债、全筑转债的重整退出，相信不少投资者对于可转债各个特殊条款的细节也有过比较深度的研究。

本书无意于拾人牙慧，就可转债的各种交易策略做一些科普性的工作，感兴趣的读者完全可以自行找寻专业书籍加以研习。本节内容，我们想重点提示的有两点：其一是可转债投资中一个容易被忽略但却十分出彩的投资机会。尽管历史上出现的次数不多，但其逻辑之缜密、机会之深藏、回报之确定，令人不得不拍案叫绝。其二是对于可转债的杜邦分析思路，其中亦有不少峰回路转的探索奇趣。

可转债相对于正股而言，其独特的优势在于转股价格的下修。这会带来转股价值进而带来可转债价格的飞升，给可转债投资本息兑付以外的风险保障。但转股价值的飞升，并不限于极端情况才有可能发生，正股的分红也会定期带来转股价格的下调，并引发转股价值的增长和可转债价格的提升。本来这一因子在可转债投资中并不处于C位，往往为人所轻视，但对于破净的银行股（以及其他破净蓝筹股）来说，由于发行时的转股价偏低，常年高ROE和高分红带来的累计分红则相对于发行转股价较为可观了，在特殊的市场行情下，会带来特别的近乎"确定性"的收益机会。

以苏银转债（110053）为例，其作为江苏银行（600919）对应可转债，发行时间为2019年3月14日，计划到期日为2025年3月14日。债项评级为AAA级，无额外担保。截至2023年6月26日收盘，其转股价为5.97元，转股价值为120.77元，债价为123.345元，转股溢价率为2.13%。有条件赎回条款为转股价值130元。

据江苏银行2023年第一季报，每股净资产为11.753。在2023年6月26日的时点观察，江苏银行董事会通过的2022年度利润分配方案，江苏银行拟每股分红0.5156元，待股东大会通过后实施。参照以往惯例，江苏银行至迟应于8月底半年报发布前完成分红（此前江苏银行的年度分红区间为5月25日至7月12日）。

假设二季度ROE为2.0%（2013年以来，江苏银行年ROE均高于11.9%；2023年第一季度ROE为4.23%。2.0%的第二季度ROE预估实属保守）、转债溢价率维持2.13%不变，在124元买入后其收益分析如表3-1所示。

表 3-1 苏银转债短期投资价值分析

	124 元建仓	8 月底（半年报发布 + 分红）
每股净资产（元）	11.753	11.472
转股价（元）	5.97	5.4544
市净率	0.613	A. 0.613（6 月 26 日估值） B. 0.569（历史最低估值） C. 0.605（130 元止盈估值）
正股价（元）	7.21	A. 7.03（6 月 26 日估值） B. 6.53（历史最低估值） C. 6.94（130 元止盈估值）
转股价值（元） （转债价格）	121.4 （124）	A. 128.9（131.7） B. 119.7（122.2） C. 127.3（130.0）

据表 3-1 可知，经过分红和半年报的发布，江苏银行的每股净资产将至少为 11.472 元，转股价将下调为 5.4544 元。在苏银转债溢价率维持 2.13% 的前提假设下，8 月末时，如果江苏银行市净率维持不变，将以 131.7 元的价格止盈；即便江苏银行的市净率降至 0.605，仍能以 130 元的价格止盈；即便江苏银行的市净率降至历史极值 0.569，仍然将回撤控制在 2% 以下。而苏银转债溢价率由于存在套利机制，其下限为 0%，溢价率因子的负面拖累不超过 2.13%，在历史极值 + 溢价率极值的极端条件下，总风险暴露不超过 4%。

除上述短期投资机会外，苏银转债的中期投资价值更具有确定性。由于苏银转债即将期满，其年付息率逐步攀升至可观水平。苏银转债 2023 年的利率为 3.5%，付息日为 2024 年 3 月 14 日，个人所得税率为 20%，实际获息 2.8 元每张。以 2023 年第一季报至 2024 年第一季报江苏银行实现 ROE10% 来保守推测（假设已完成 2022 年度分红），如表 3-2 所示。

表 3-2 苏银转债中期投资价值分析

	2024 年 4 月 30 日
每股净资产（元）	12.413
转股价（元）	5.4544
历史最低市净率	0.569
正股价（元）	7.06

续表

	2024 年 4 月 30 日
转股价值（转债价格）	129.5 （132.7）
总价值（元）	132.7+2.8=135.5
124 元建仓回报（%）	9.3

由表 3-2 可知，即便江苏银行市净率在未来一年均维持在历史最低市净率水平上，124 元建仓后至 2024 年 4 月底的可期待回报为 9.3%。因为是探讨估值的底部，所以上述分析没有计算三率平方根的折溢价率，而是根据误差更小、计算更为简便的市净率展开。

当然，苏银转债并未需要如上述分析那般麻烦才能获利了结。后续随着江苏银行的股价上行，苏银转债价格很快达到 130 元以上，并触发有条件赎回条件。在江苏银行有争议地迫不及待宣布有条件赎回后，苏银转债于 2023 年 10 月 16 日即以 130.50 元的价格退出市场。

尽管机会难得，但苏银转债绝不是孤例。在苏银转债退市后，同时江苏城商行的南银转债（113050）又扛起了新的大旗。2024 年 9 月 11 日，南银转债录得了 113.791 元的收盘价，转股溢价率为 0.85%。

作为一只 2021 年发行的可转债，至 2024 年 9 月 11 日，南银转债的转股价已经从发行时的 10.10 元因历年分红下调至 8.57 元。年利息也从第一年的 0.20% 提升至 1.20%。

各位读者可参照苏银转债的分析逻辑，计算一下南银转债在 2025 年 8 月底、2026 年 8 月底前发布半年报并完成分红后的理论价格和最大回撤风险，当可获得较为可靠的投资支持。

而对于一名真正的价值投资者而言，往往把策略的确定性看得比收益回报率更重。因此，在对可转债的交易策略探讨中，我们抛开那些更为主流的投资策略，专门聊聊苏银转债和南银转债。

我们需要讨论的是，如何对可转债进行科学有效的杜邦分析。众所周知，由于可转债相对于正股拥有许多独特的优势，所以可转债"理应"比正股更贵一些。市场上的确如此，没有"溢价率"的可转债不仅罕见，而且能找到背后的理由。但贵多少才是合适的呢？转股溢价率超过 100% 的转债目前并不鲜见，且不少并不是由于债底的支撑作用所导致的技术性高溢价率。那么，如何定量分析转股溢价率并完善自己的投资决策呢？

有人尝试以历史数据为依归，认为对于"正常"的可转债而言，20%左右的转股溢价率是大体公允的。市场上，此类转股溢价率也属常见。有人尝试以期权价值为依据，将"正常"的可转债拆解为付息债券与认购期权的复合，分别计算可转债的债券价值与期权价值，进而得到可供参考的依据。

平心而论，前者的一刀切办法过于简单粗暴，并未充分考虑到不同时限的期权价格的差异和深度实值期权、深度虚值期权与平值期权的差异，难免失之偏颇。后者的弊病不仅在于只在期权价值一处斤斤计较，对于可转债其他可能影响价格的因素完全抛之九霄云外，有挂一漏万之嫌，而且精密算法本身过于烦琐。对于上市公司实施的分红，除依据可转债的明文规则调整当下的转股价，还要依据复权的算法原理，逐次回溯调整此前的"名义转股价"的实际数值，稍有不慎，即会差之毫厘谬以千里。因此，也很难真正达成大力出奇迹、烈火炼真金的效果。如有同道探索者，相信必定心有戚戚。

那么，如何简便地解决这一问题呢？依笔者浅见，通过杜邦分析的思路去帮助解决问题。

对于"正常"的可转债，即可存续期限"正常"、转股溢价率"正常"、上市公司信用风险预期"正常"的可转债，不妨用以下方式进行拆解分析：

P（转债）=（正股 fv × 100 ÷ 转股价）× 正股 pr × 转股溢价率

式中，"正股 fv × 100 ÷ 转股价"指可转债转股后的公允价值，对于一家持续稳定盈利的上市公司而言，无疑是可以进行可靠预测的；正股 pr 可以参照股票的分析逻辑尝试进行预判。在此基础上，参照可转债的期权可存续期限、期权的实值虚值状态。

对于上述杜邦分析拆解思路，有两点需要进一步强调说明。第一，不难发现，真正具有现实意义的不是转股价，而是"正股 fv × 100 ÷ 转股价"，经过正股公允价值加持并经系数调整后的转股价，才是后续分析的基础。这点其实不难理解，尽管可转债发行时的转股价往往基于发行前一段时间的正股市价确定，但正股折溢价率高时的市价无疑和正股折溢价率低时的市价内在价值不尽相同，需要以公允价值进行调制后才具有更普遍的比较意义。

第二，对于少数可转债而言，还可以将"正股 pr""转股溢价率"两个因子相乘后进行统一分析。此时，我们实际上是将可转债视为该公司发行的一类股票看待了。这只"股票"有它的"公允价值",即"正股 fv × 100 ÷ 转股价",也有它的"折溢价率",即"正股 pr × 转股溢价率"。基于正股的长周期折溢价率分布特征,我们可以进一步分析"正股 pr × 转股溢价率"在其中的分位,并考虑具有足够的安全边界。而如果"正股 pr × 转股溢价率"已经具有足够的安全边界和投资价值,则可转债无疑更具安全边界和投资价值了。

期权

作为市场上最为高精尖的衍生品,期权无疑是价值投资皇冠上的明珠,具有很强的工具优势和特点。但如果仅仅将其视为加杠杆的一个工具,不免买椟还珠、舍本逐末了。依本书浅见,期权更为重要的价值有三:独特的策略构想、独特的策略优势和独特的策略机会。

与"跨式策略""买跨策略"等更加专业学术的表述不同,本书更愿意用"期权双买"这种简单明了、直击本质的名字来称呼,即在特定的前提条件下,同时买入相同期限的平值附近的认购和认沽合约,以待标的物价格发生大幅调整后,再同时卖出平仓获利。一般而言,方向正确的那个期权会挣比较多的钱,方向错误的那个期权会亏相对少的钱;两者叠加后的效果是,会获取还算令人满意的收益。

在某种程度上,"期权双买"可能是最值得研究和总结的期权策略,因为:与卖方策略不同,不以深度计算和承担无限风险的方式博取收益;与单买策略不同,不是简单的赌方向、加杠杆;与牛市价差、熊市价差不同,不是试图用方向性的判断 + 大数法则来蚂蚁搬家式获利。期权双买策略就像一个冷静的狙击手,静静等待机会的降临,一旦策略触发、战斗决心下达,便以绝大的勇气逆向而行、构建阵地,等待预期的变化到来后,获利了结,拂衣而去。该方法收益可观、风险有限,却又对胜率有着极高的要求,是投资领域中少有对投资者各方面要求都比较高,同时最能满足投资者各方面需求的策略之一。

一、独特的策略构想

(一)双买期权的损益结构

与一般公众认知不同的是,从博取相同的投资收益的角度看,期权买方所承担的最大风险要小于直接买入或者卖空标的物的。平值认购期权和平值认沽期权价格随标的物的变化而变化的情况（暂不考虑时间价值的损耗和隐波率的变化）如图 3-1 所示。对于期权买方而言，在发生价格有利的变化时，期权价格随着标的物价格的变动而加速上涨；在发生价格不利的变化时，期权价格随着标的物价格的变动而减速下降，且最大风险是损失全部权利金。

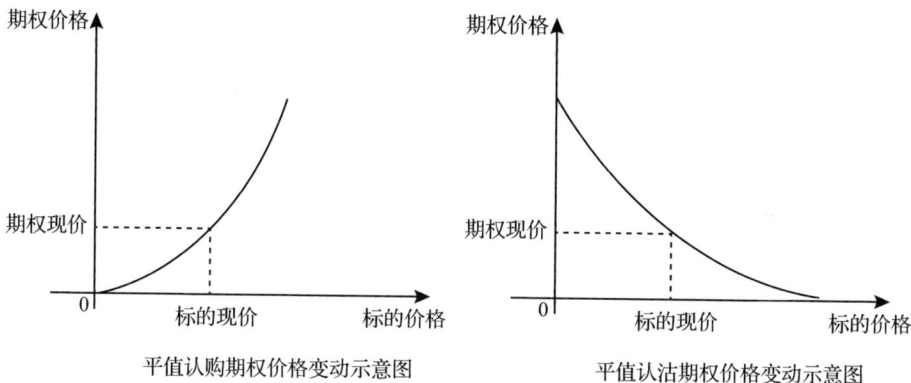

平值认购期权价格变动示意图　　平值认沽期权价格变动示意图

图 3-1　认购认沽期权价格变动

虽然从严格意义上讲，认购期权和认沽期权的损益结构并不是轴对称的，但大体上我们可以将其视作一组镜像的图形，而把这组镜像图形叠加后，便可以得出同时买入认购和认沽两个期权（所谓"双买"）的损益结构（仍然未考虑时间价值损耗和隐波率的变化），如图 3-2 所示。

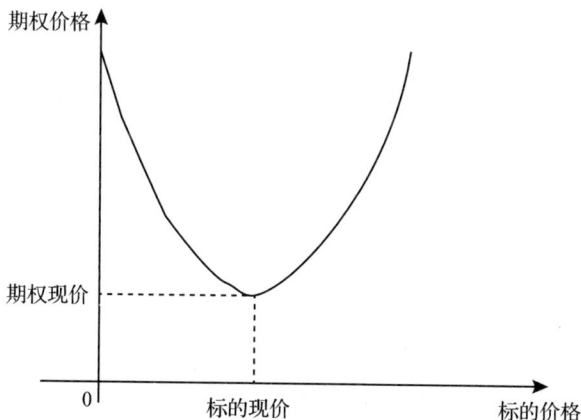

图 3-2　平值双买期权价格变动

我们可以将损益结构图视作一个以标的现价为对称轴的二次函数，以便于我们搭建分析问题的架构，绘制一些辅助思考的图形。这个示意图说明：不管标的物的价格上涨还是下跌，都可以构成获利的机会，只需变动了就行（所以期权双买策略有时又被俗称为"买突破"的策略）。

这就是期权双买策略的最大好处，不用预判方向，只要预判变动。有人可能会觉得，分析一个因素是利好还是利空，是投资者基本的素质，都已经能预判变动了，进而预判变动的方向不是件很容易的事情吗？其实不然！有些事情，我们可以大概率确定它很可能会发生，却很难准确预判它的确切结果，如重大谈判（选举），我们预判在特定日期或时间段产生终局的或阶段性的谈判（选举）结果很容易，但预判谈判（选举）结果就很费劲了；有些事情，我们即便已经基本锁定了事件的确切结果，但也不能百分之百预判市场是作为利好还是利空来解读，否则不会有"利好出尽是利空""利空出尽是利好"之类的事后诸葛亮式的解读了。

回到期权双买策略的损益结构图上，我们越看越喜欢。不用费心预判标的物会涨还是会跌，只要变化了就能赚钱，而且赚钱的效率和潜力都挺高，好像即便没有变动也至少不会亏钱。这应该是比较好的投资策略了！然而，常识告诉我们，如果有这么轻而易举就能实现盈利的投资策略，一定早就被蜂拥而至的投资者采掘一空了。那么，问题出在哪里呢？出在一个被忽视的细节上。那就是交易成本。期权的买卖是需要交易成本的，一买一卖双向收费，由于是按张计费而不是按价计费，对于那些价格不太贵的期权而言，成本费率有时是挺高的。这就意味着，即使标的物价格发生了变动，但如果这一变动带来的获利还不能抵补一买一卖的交易成本的话，期权双买策略实质上是不能给投资者带来真正盈利的。也就是说，投资者不仅仅需要标的物价格的变动，而且需要标的物价格发生较大幅度的变动才能盈利，为此可能需要耐心等待一段时间，而这一等待或许带来了新的、更大的麻烦。

（二）双买期权的时间价值损耗与隐波率扰动

细心的读者可能早已注意到，上文在介绍期权单买、双买的损益结构图时，都不厌其烦地特别注明了"未考虑时间价值损耗和隐波率的变化"。但由于期权双买策略的获利需要一定的时间发酵，"时间价值损耗"和"隐波率的变化"就是此处我们需要专门分析考虑的影响因素。

时间价值的损耗相对简单一点，如图 3-3 所示。

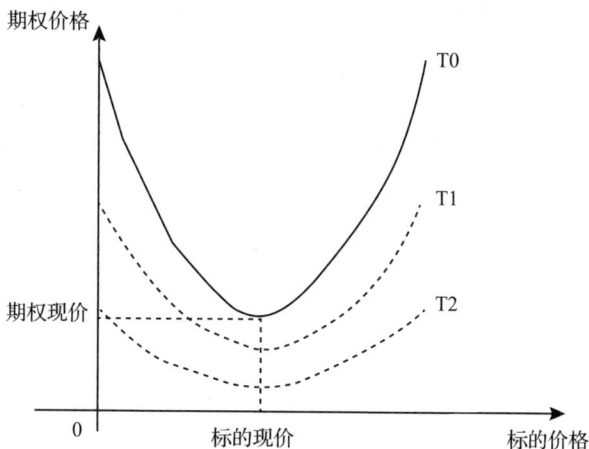

图 3-3 平值双买期权随时间价值损耗变化

在图 3-3 中，T0 的实线就是上文"不考虑时间价值损耗和隐波率的变化"前提下的期权双买损益结构。仍然暂不考虑隐波率的变化，随着时间的流逝，T1、T2 时刻双买期权的价格不断地下滑，直至最后，平值的双买期权的价格甚至会接近于零。这就麻烦了，如前所述，期权双买策略的获利，需要时间耐心等待，但时间的流逝本身会带来期权价格的下跌 [这一影响非常重要，以致技术上专门用希腊字母（Theta/ θ ）来分析这一影响因子]。也就是说，获利的速度必须大于时间价值的损耗，才能挣到钱。古人对此早有认识："逆水行舟，不进则退。"

好消息是随着数据的积累和研究的深入，大体上我们对于时间价值损耗（Theta/ θ ）有了一些认识和了解。一般认为，在距离行权日较远的日子里，时间价值的损耗是接近线性的，并且比较小，在快到期的时候会突然变快并加速损耗。个人粗线条的认知是：一个还有 3 周到期的期权，会在前两周损耗掉 1/3 左右的时间价值，而在最后 1 周损耗掉剩余 2/3 左右的时间价值。所以，如果我们选择不是马上就面临到期的期权，则它的时间价值的损耗会相对小一点。再考虑到等待标的物价格发生较大变动所需要的合理时间，一般认为，从时间价值损耗的角度看，次近月的期权是比近月期权更为合适的投资标的。

下面我们重点看看隐含波动率（隐波率）的问题。

先说理论上的事情。历史波动率是标的物价格历史上波动情况的客观数据，隐含波动率是从期权的交易现价倒推计算出来对波动率的预测。诺贝尔奖级的"BS期权定价公式"中则假设，期权理论价格与标的物的当前值以及对未来值的预测有关，而与标的物过去的历史价格无关。换句话说，正常情况下，期权的价格应该反映的是当前市场对标的物未来价格波动的预期（与隐含波动率正相关），而不是对过去价格波动的总结（与历史波动率关系不大）；预期震荡会变大，隐含波动率上行；预期会窄幅震荡，隐含波动率维持不变或下行。

如图3-4所示，在不考虑时间价值损耗的前提下，双买期权在隐含波动率上行和下行时整体价格曲线上下移动的情况。不难看出：即使标的价格未发生变化，如果隐含波动率上升了（市场对标的物价格未来震荡幅度的预期上升了），期权双买也可以获利；即便是标的物价格发生了较大变化，但如果隐含波动率下降了（市场对标的物价格未来震荡幅度的预期下降了），期权双买也可能只赚一点点钱甚至可能亏钱。当然，最希望看到的是，在标的物价格大幅变动的同时，隐含波动率也上升了，则期权双买策略可以从两个维度同时挣钱。

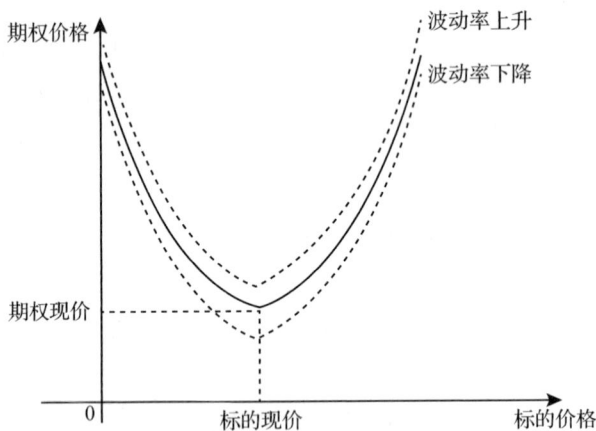

图3-4　平值双买期权随隐波率变化

再看现实的情况。BS定价模型在现实中遇到两个方面的挑战。一是在市场交易平淡的时候，至少在目前的中国市场，期权的隐含波动率往往会向历史波动率收敛，而不一定能够相对准确地刻画对未来波动的预期；二是在市场发生急剧变化时，往往会出现畸高的期权交易价格，根据这一价格倒推计算的隐含波动率显得畸高，也不能准确表征市场对标的物未来价格震荡的预期。

但至少对期权双买策略而言，这并不全是坏事。第一，由于期权隐含波动率有向历史波动率收敛的偏好，在历史波动率处于低位时，也就是标的物价格连续多日日内振幅较小时，期权的隐含波动率会相对较低，这不仅仅意味着期权双买的成本会比较低，而且预示着未来波动率继续下行的空间已经比较有限了。第二，由于期权隐含波动率会在市场急剧变化时出现畸高值，这在很大程度上放大了期权双买策略可能的收益，使我们的止盈标准定得相对更高一些。

看一下综合的图形，上述分析期权双买策略时，为了更好地聚焦问题，有时假设时间价值损耗为零，有时假设隐含波动率不变，有时假设时间价值损耗为零且隐含波动率不变。如果我们把这些因素都同时考虑进来会如何呢？如图 3-5 所示。

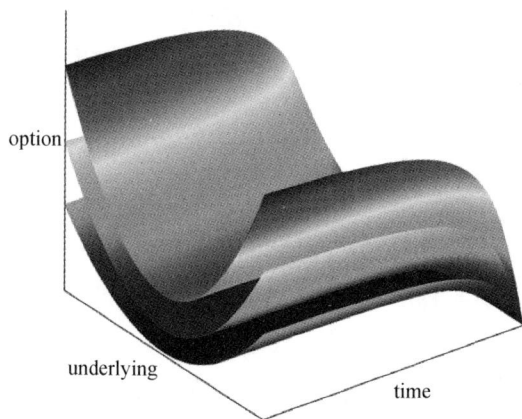

图 3-5　买跨策略损益综合

借助于专业的绘图软件，我们大体描绘了双买期权价格（option）在不同的隐含波动率水平下随着标的价格（underlying）和时间价值损耗（time）而变化的三维图示。借助这一三维图示，我们可以在脑海里模拟出期权双买策略的交易过程：即在 time 轴的近端处，在隐含波动率较低的曲面上，找寻到平值附近期权合约双买建仓，而后希望标的物能够在 time 轴向远端移动不远的地方，发生价格偏移，并且最好隐含波动率能够大幅上升，这时卖出平仓、获利了结。这样的交易策略是不是比单纯赌股价上行要有趣很多?

(三)双买期权的经验探索与策略演化

在期权双买策略中,标的物是明确的,即是次近月的平值期权。具体而言,以前只能选择上证 50ETF 期权,现在多了沪深两市的沪深 300ETF 期权、深 100ETF 期权等。交易方式也是明确的,即期初同时双买,获利后同时卖出平仓,策略不顺利时换仓或止损。剩下需要思考总结的是择时和仓位控制的问题了。

择时方面主要有以下几点考虑:

一是历史波动率或者说窄幅震荡的天数。以历史波动率 12% 以下为佳,个人更偏好计算窄幅震荡天数。目前的方法是将标的 ETF 每日开盘价、收盘价间的高者和当日最高价 2∶1 加权平均后的价格作为计算高价,将标的 ETF 每日开盘价、收盘价间的低者和当日最低价 2∶1 加权平均后的价格作为计算低价,逐日计算连续若干天区间最高价和区间最低价相对于当日收盘价的最大振幅,以连续 10 个交易日区间振幅低于 3% 为预警线,以连续 16 个交易日区间振幅低于 4% 为触发值。这是相对复杂的算法,但却更符合当前市场隐波率向历史波动率收敛的现状,也暗合了关于大盘"盘久必跌、横久必涨"的一般公众预期。回测显示,对于上证 50ETF,除了 2017 年上半年那段特殊行情,都很适用;对于沪深 300ETF 和深 100ETF,不适用的时段更短。

二是隐含波动率或者说次近月期权的价格。隐含波动率 13% 以下为佳,历史波动率相对较高以及有其他正面因素时,14% 左右可以接受。对应的双买成本是如果距离到期日还有 25 个左右的交易日,那么双买成本在 1000 元左右(50ETF)或 1300 元左右(300ETF)是可以接受的。

三是具体期权标的。由于目前有 510050、510300 和 159919 三个标的可供选择,在同时满足上述两个条件的情况下,优先考虑沪深 300ETF,因为 300ETF 的震荡比 50ETF 更大;也优先考虑价格刚好在行权价附近的 ETF(如 2020 年 1 月 23 日,510300 的收盘价为 3.996 元,159919 的收盘价为 4.051 元,由于交易规则规定 3 元以上时以 0.1 元为一档,所以优先选择更靠近最优行权价 4.0 元的 510300 为具体标的),因为此时的总建仓成本最低。

四是重大事件预期,属于加分因素。如果没有确定的重大事件预期,在同时满足前三个条件的情况下，也可以做期权双买，但要控制好仓位和节奏，更为审慎地建仓。但如果确定有一个足以改变市场态势的重大事件即将发生，且这一重大事件的落地距离次近月期权的到期日有 10 个交易日以上的时间距离时，则期权双买策略是十分重要的积极因素，操作上可以更大胆一些。

仓位控制上，初始建仓以不超过两成仓为宜，随着时间推移逐渐加仓至四成仓左右，极端情况不应超过六成仓。在距离建仓期权到期日不足 10 个交易日时，要果断换仓至新的次近月。在已投入成本亏损达 60% 时，更要果断止损。

在此基础上，还会出现一些难以抉择的交易机会，需要对期权双买策略进行一些微调优化，以适应风险控制的需要，从而下达交易决心。例如，重大事件即将落地，窄幅震荡的日期却不够、隐含波动率仍处于相对高位，这时，可以在严格控制仓位的前提下，考虑在期权双买的同时，1：1、1：1.5 甚至 1：2 追加卖出开仓虚两档的认购期权、虚三档的认沽期权，通过同时充当虚值期权的卖方以帮助抵御时间价值损耗或隐波率下行的风险。当然，这是以牺牲潜在收益为代价的演化，并不是期权双买策略的常态。

（四）余声

让我们回到文初的意象。

由于市场交易的茫然和暗淡，标的 ETF 已经在较长时间维持窄幅震荡，市场正在耐心等待方向的选择，而正在此时，一个长期关注宏观经济金融运行、敏锐追踪国际国内大事的投资者，根据掌握的资料，确信在将来的某一天，将会发生一件足以大幅改变市场运行态势的重大事件。他悄悄地看了一下数据，由于历史波动率的吸附作用，平值期权的隐波率正处于低位，距离次近月期权的行权日还有较多日子，于是在风险承受能力的限度内，满意地下了双买的注。日子在流逝，窄幅震荡的格局更加令人难以忍受，而他却在缓慢的、坚定的加仓。直到那一天，石破天惊或是尘埃落定的消息终于传来，市场应声而动，大幅突破震荡区间，隐波率随之迅速攀升，他悄悄地看了看持仓的浮盈，淡定地发出了卖出平仓的指令。事了拂衣去，深藏身与名，并再次耐心等待下一次机会的到来。

这样的投资者，岂不是侠客行！又岂不快哉！

二、独特的策略优势

探讨完期权双买策略所提供的独特策略构想，我们再来看看期权。期权作为高阶金融工具，所能提供的独特策略优势——经典股票交易策略的期权化再造。

自现代证券交易市场成功创设以来，某些数字的涨跌变动就和投资者的损益更加紧密地联结起来。无数先贤达者都尝试借助数学分析的工具对其加以驯服，也就因此诞生了诸如均线策略、统计套利等一系列的经典股票交易战术。而在此基础上，能否通过叠加期权这一非线性工具的方式对经典股票交易策略进行升级再造，以求扬长避短、去芜存菁，听起来就是一件可能产生核聚变效果的构想。

一款基于技术分析的交易策略之所以能够成为经典，必然在诞生之初取得过辉煌业绩，否则便不会成为流传下来的经典。然而，随着时间的推移，大多数策略会由于投资者抢跑或者反向布局等原因胜率严重下滑，而即便是那些能够大体维持胜率水平的策略，单次收益率也会逐步收窄。经典策略成为可供瞻仰回测，却难以在当下追随适用的"经典"策略。市场上即便是头部顶级的量化基金，也需要不断地迭代更新他们的策略，就是一个明证。

如笔者所见，经典的交易策略归于平庸后，很可能会在胜率、频率、收益率、时效性等诸多方面发生一维或者多维的劣化，但机遇背后的深层次逻辑合理性，也仍然会在其中的一个或者几个维度拥有较为卓越的表现。在各种各样的经典交易策略中，我们很容易就能找到如下至少三种可供进一步探讨的类型。

（一）高频、高收益、低胜率、高时效性策略的期权化再造

高频、高收益、低胜率、高时效性的经典策略中，比较容易找到的例子是格兰维尔均线八大法则之第四法则、第五法则。原教旨主义的表述分别是："法则四：价格突然暴跌，跌破并远离均线，如果这时价格开始回升，再次趋向均线，则是买入时机；法则五：当均线由上升转平或逐渐下跌，价格从均线上方向下跌破均线时，进行卖出交易。"即当股价严重偏离均线的时候，在拐头迹象出现后，大概率要向均线回归，高出均线的会回调、低于均线的会回升。

这样的表述大体符合投资者的一般认知，类似的景象也会在实盘中反复

呈现。但如果以一个相对固定的偏离标准去进行数据回测的话，则会令人黯然神伤地发现，除非将偏离值设定到超乎常态的高或者将均线周期拉升至超乎常态的长（这都会导致触发频率降至无法容忍的低水平），否则成功失败的比率大体在 55∶45 徘徊，综合而言是一个胜率优势非常弱的一个策略。或者如本书所见，这很可能就是一个"数学把戏"的策略，并不具有逻辑基础。其所谓的数学基础仅仅在于，一只股票在一段时间内大概距离某条均线的偏离度有个区间范围罢了，但每只股票所能归纳的均线并不相同，偏离度也没有统一标准。

切换到实盘情景也不难理解，那就是当股价连续创新高并远远偏离短周期均线时，途中继续上攻的概率其实和回调修整的概率并没有显著性差异；连续大幅下跌的情况下亦然。

但作为一本价值投资的书，为何要关注这一不具有坚实逻辑基础的策略呢？因为在期权视角下，可进行针对性的扬长避短的改造，使这一观察也可以应用。

尽管对于股价运行方向的判断落入平庸，但在有限交易日内，股价较现价发生 3% 甚至 5% 以上波动这一预测的有效性还是很高的。基于 2012 年沪深 300ETF 设立以来的回测分析显示，无论是 510050 还是 510300，或是深 100ETF（159901），胜率都可以达到 80% 左右的较高水平，且触发的频率基本能让人满意。这为后续的期权化策略再造奠定了坚实基础，如表 3-3 所示。

表 3-3 主要期权 ETF 偏离均线触发统计

上证 50ETF（510050）			
法则	策略触发频数	触发有效数	有效率（%）
法则五	108	88	81.5
法则四	93	83	89.3
沪深 300ETF（510300）			
法则	策略触发频数	触发有效数	有效率（%）
法则五	37	26	70.3
法则四	48	37	77.1

续表

深 100ETF（159901）			
法则	策略触发频数	触发有效数	有效率（%）
法则五	123	103	83.7
法则四	96	88	91.7

对于"格兰维尔均线八大法则四、五"这样的"高频高收益低胜率高时效性"经典策略，期权化策略改造的核心目的是要用好高频率、高收益率和高时效性所提供的战略纵深，克服低胜率带来的弊病。比较理想的期权策略模型是"买跨策略"或者更形象一点"双买策略"。

因为期权自带杠杆且原始收益率较高，所以不用害怕双买对冲带来的获利效率下行；因为策略的时效性较高，所以，如果选用次近月期权的话，也不用太担忧时间价值损耗带来的硬性亏损。而通过"双买策略"的构建，可以保证无论 ETF 价格朝哪个方向运动，只要如期发生了 3% 甚至 5% 以上的价格波动，都可以获得令人满意的盈利。根据以往的实盘观察，这一盈利水平甚至丰厚到可以完全忽略隐波率下行的扰动地步。

（二）中低频、低收益、超高胜率、低时效性策略的期权化改造

自 2012 年 5 月 28 日沪深 300ETF（510300）上市交易以来，十多年的时间里，沪深 300ETF 都与上证 50ETF（510050）保持了 0.95 以上的高相关性。也就是说，两者的比值其实在一个基本恒定的水平上震荡收敛。针对此特征构建的偏离回归模型显示，当两者的比值在短期、中期、长期维度上均呈现显著高估或者低估时，可以极为准确地揭示在最多不超过 2 个月时间内，极大概率会向常态方向回归，且回归的距离至少不小于 1.5%。进一步的数学分析显示：中短期的偏离均值的峰度较正态分布更高，而超长期的偏离均值的峰度会弱于正态分布。

这是一个非常典型的中低频、低收益、超高胜率、低时效性的统计套利交易策略。其优、缺点也很明显：优点是其超高的胜率，使投资人能够有足够的信心和耐心等待策略的获利了结；缺点是其触发频率偏低，单次获益的空间有限，这使策略在某种程度上沦为了"鸡肋"。毕竟，指望投资者用常年的坚守去换取较少的收益，是不可能的。此外，由于获利了结的时效性不太强，给期权策略的改造升级增加了一定的麻烦，需要额外考虑时间价值损耗的影响。

针对这样的策略特征，我们可以尝试用一买一卖的期权策略进行操作。即在 510050 和 510300 两个 ETF 中，卖出相对高估方的次近月或者季月的平值认购期权，同时相应地买入相对低估方的次近月或者季月的平值认购期权。考虑到两者价格比常年在 1.50 左右，在买入手数上还需要进行 3：2 左右的反向对冲（根据平值期权价格最终确定）。则在接下来的日子里，由于时间价值的损耗通过买开和卖开的对冲而基本得到管控，并且标的本身的价格波动会因为两者的高相关性而基本抵消，所以，只需耐心等待相互比值关系发生 1.5% 以上的向均值方向回归所带来的收益即可。

虽然没有前文双买策略那么高的收益预期，但对于一个具有超高胜率的策略模型来说，似乎是值得留意的结果。毕竟像可转债打新一样，算是期权账户的普惠性福利。

（三）低频、低收益、高胜率、高时效性策略的期权化改造

经典的格兰维尔均线八大法则之第一法则，客观而言，其在上证 50、沪深 300、深 100 这样的指数 ETF 中的有效性是可以的，止盈要求不太高的话，也能达到 2/3 左右的胜率，总体而言算是一款中高频、低收益率、中高胜率、高时效性的经典策略。就像一个没有大的短板但也没有特别亮点的艺人一样，偏低的收益率加上并不很突出的胜率、频率，这款经典策略逐渐被束之高阁。但如果再牺牲一下频率，将其改造成一款低频率、低收益率、高胜率、高时效性的策略呢？

通过进一步梳理上证 50、沪深 300、深 100 的成分，可以发现其共同的前七大成分行业一样的，即日常消费、金融、信息技术、工业、可选消费、材料、医疗保健。如果我们将七大行业的指数与三大 ETF 一起，都用格兰维尔均线第一法则进行分析，并将所有的策略触发日期标注在一起，就会呈现一个令人动容的图景。触发日期清晰地分为两类：一类是零散分布的，另一类是聚集呈现的，即在不超过 3 个交易日内，10 个标的中至少有 7 个以上达到策略触发标准。而对于这样的聚集的策略触发日，其有效性会较零散分布的触发日大幅提升。聚集触发和零散触发共同呈现的情况如图 3-6 所示。

日期 Date	上证50EFT 510050.SH	沪深300EFT 510300.SH	深100EFT 159901.SZ	日常消费指数 882005.WI	金融指数 882007.WI	信息技术指数 882008.WI	工业指数 882003.WI	可选消费指数 882004.WI	材料指数 882002.WI	医疗保健指数 882006.WI
2015-12-16										
2015-12-15							1			1
2015-12-14	1	1	1	1	1	1			1	
2015-12-11										
2015-12-10										
2015-12-09										
2015-12-08										
2015-12-07										
2015-12-04										
2015-12-03										
2015-12-02	-1									
2015-12-01										
2015-11-30										
2015-11-27										
2015-11-26										
2015-11-25			-1							
2015-11-24										
2015-11-23										
2015-11-20										
2015-11-19				1				1	1	1
2015-11-18										
2015-11-17										
2015-11-16										
2015-11-13										
2015-11-12										
2015-11-11										
2015-11-10										
2015-11-09										
2015-11-06										
2015-11-05										
2015-11-04	1	1	1				1		1	1
2015-11-03										

图 3-6　聚集触发和零散触发共同呈现

2012 年 5 月 28 日以来的全数据回测显示，共计 75 次聚集触发的日子中，总体胜率达到 90% 的水平。我们的苦心没有白费，尽管进一步牺牲了频率，将中高频触发降低为低频触发，但成功地将格兰维尔均线第一法则的胜率提升到了 90%。我们依托这样的高胜率和高时效性，哪怕频率、收益率再低，后续进行期权化策略再造都有了资本。

既然频率不高，我们就要珍惜每一次策略触发的机遇；既然收益率不高，我们就要充分发挥期权的杠杆率；既然时效性不错，我们就可以不用过多考虑时间价值的影响；既然胜率很好，我们就可以适当激进一些。

如表 3-4 所示，利用期权 BS 公式的拟合，不难发现，对于方向确定的任何幅度的标的物价格变化，期权的获利效率都是随着虚值化程度的加深而增加的。当然，考虑到成交活跃程度以及其他交易摩擦成本的制约，我们不用选择特别深度虚值的期权进行，大体上，近月或者次近月虚二档的期权是比较令人满意的。

表 3-4 不同行权价期权收益率测算

档位	行权价	收益率（%）				
		+1	+1.5	+2	+2.5	+3
虚三档	4.3	74.7	127	190	269	363
虚二档	4.2	58.1	95.6	139	190	248
虚一档	4.1	44.1	70.6	100	132	168
平值	4.0	32.7	51.0	70.6	91.4	113
实一档	3.9	23.8	36.5	49.6	63.1	76.9
实二档	3.8	17.3	26.2	35.2	44.3	53.5
实三档	3.7	12.8	19.3	25.8	32.3	38.8

标的 510050，起始价格 4.0，隐波率 18%，无风险成本 1.5%；距离行权日 20 个自然日，分红 0，认购期权。

在高胜率的前提下，通过对深度虚值期权的大胆运用，我们成功地将低频、低收益、高时效性股票策略升级改造为低频、高收益、高时效性的期权策略，从而使平平无奇的格兰维尔均线第一法则策略变得如此有效！

期权所带来的上述独特的策略优势，带给我们无尽的遐思与远望。

期权的结构蕴含了无限可能。与股票以及 ETF 不同，期权内含了多空双向、高杠杆、非线性等多重特质，可以方便地进行各个维度的策略组合、调整，从而帮助投资者克服各种已知的、可能的风险缺陷，无论是频率、收益率，还是胜率、时效性等方面的不足，都可能通过合理的期权策略的设计而得以规避或者弱化。期权工具的掌握运用，无疑是一次革命性的投资技术提升。与灵活运用期权能够获得益处相比，需要付出的必要的学习成本很微不足道。

期权策略的适用场景更为灵活。股票交易中，对于频率、胜率、收益率的要求都不低，许多策略因为固有的缺陷而不能在股票交易中进行运用。但期权策略构建所需要的确定性其实可以少一些，只要在一两个维度确有所长，就可以在针对性的期权策略得到应用。

经典策略仍然值得进一步挖掘。独立研发新的交易策略无疑十分令人激动，但毕竟可遇不可求。至少在现阶段，通过对已有的经典交易策略进行深度挖掘，从期权角度寻找其确定性的投资机会，可能是最具性价比的投资研究之路。

三、独特的交易机会

我们再探讨基于本书第二章的发现，能看到的超远月期权投资策略，是为期权独特的策略机会。

如前所述，对于510300对应的N00300指数而言，可以通过杜邦分析的方法从公允价值fv和折溢价率pr的角度加以刻画。即：

$$P=fv \times pr \tag{3-1}$$

N00300的公允价值fv，整体上可以以年化增长8.3%的模型加以预判；N00300的折溢价率pr，可以以均值73%、标准差8%的正态分布模型来预判。

从BS公式的拟合及市场的实际报价来说，一个最远月的平值期权，在隐波率约为17%的情况下，其时间价值约为2400元左右。而从N00300公允价值增长的模型看，超远月期权到期的8个月中，可期待的公允价值增长约为6%。以2024年9月2日510300收盘价3.332元计算，不考虑折溢价率的波动，公允价值增长可以提供预期为3.332×6%=0.2元的价格增长。由于ETF期权的换算系数为1张期权对应1万ETF，因此，0.2元的预期价格增长将提供约2000元的内在价值增长，而这和最远月平值期权的时间价值损耗几乎相等。

而如果考虑到时间价值的损耗并不是均匀的，在到期日前的一个月才是大头。那么，事实上可以认为，最远月期权在当下时间价值损耗会被ETF价值的内生增长全部覆盖。

这就意味着，如果用最远月平值期权替代ETF，我们在无须额外付出成本的时候，能收获最大风险可控、资金占用下降、T+0等特殊收益。这是期权独特的策略机会的重要体现。

行文至此，我们的分析和观察都可以说有比较严谨的逻辑支撑和数据回测验证。在此基础上，笔者再补充讨论一个可能还不太成熟的观察与思考。这并不是"抛砖引玉"式的自谦，而是"如是我思、姑妄听之"的粗浅分析，拿出来的目的是希望能更多地引发大家更为深度、更为专业的思考。

作为期权定价的中流砥柱，期权定价BS公式无疑具有极强的理论可靠性和实现贴合度，不然也不会荣膺诺贝尔经济学奖。后续尽管无数达人基于现实与理论假设间的差别，提出了许多进一步优化完善的方案，但总体而言，仍然没有偏离 BS 公式的基础。就个人认知水平和数学能力而言，短期期权的定价，BS 公式几乎没有太多可以进一步优化调整的空间了。

但是，如果我们考虑到刚刚探讨过的超远月期权对应的 ETF 内生价值的提升，就会意识到，一旦时间的跨度拉长，有些因素可能攀升至更为重要的因素，从而需要改变我们对于期权的定价认识。时间跨度的拉长，将带来两个方面的挑战。

其一，关于 ETF 内生价值的增长。

在证券交易所交易的期权，共有 4 个时间可供选择，即近月、次近月、季月、次季月。因此，最远月的合约可以在 8 个月后到期行权（比如 10 月合约到期后，11 月合约成为近月合约，12 月合约由原来的季月合约变为次近月合约，从而导致次季月的合约为次年 6 月合约）。刚才我们已经初步地用数据讨论过，大体内生价值的增长预期能够抵补时间价值的损耗，会带来策略规划上的影响。

但是，如果我们考虑到在中国金融期货交易所（中金所）也有股指期权上市交易，且其合约的时间选择有"当月、下 2 个月及随后 3 个季月"共 6 种时，问题更加严重了，如 2024 年 9 月末，由于 9 月合约已到期，当月合约为 10 月、第一个季月合约为 2025 年 3 月、第三个季月合约为 2025 年 9 月，最远月合约的存续时间可以长达一年。此时，恐怕不得不更加重视指数内生价值增长的因素了，也不得不反思期权定价的模型中应如何体现这一因素的问题了，即超远月合约的认购期权是否应当更贵，而认沽合约是否应当更便宜方为公允。

可能有人会提出，为什么成熟的发达市场没有提出这个问题呢？一种可能的解释是他们蓝筹宽基指数的年化增速没有沪深 300 指数高，所以，这个问题没有那么突出。

认识到这一点，对于超远月期权的定价，我们可能要通过对行权价格进行修正的方式，完善 BS 定价公式，才可尽量减少干扰。

其二，价格的波动特征。

作为 BS 公式的立论根基，股价无方向偏好的波动是最为核心的前提假设之一。短期看，这一前提假设与现实并无分歧。但考虑到中金所的股指期权存续期可以长达 1 年，而本书一个重要的观察结论和逻辑结果是长周期观察，沪深 300 指数的折溢价率呈现正态分布。且实际观察看，波峰到波谷的单程时间，需要 1~4 年（2018 年一年完成峰谷切换，2021~2024 年四年完成峰谷切换）。

那么，像中金所的那些行权期在一年后的期权合约，在 +2X 标准差以上以及 –2X 标准差以下的极高和极低折溢价率未来的变化，完全认定为无方向偏好的布朗运动，并基于此运用 BS 公式进行期权定价，恐怕就不太符合实际了。即以 2024 年 9 月 2 日的时点观察，1 年后沪深 300 指数的折溢价率高于现值的概率和预期偏离恐怕要远大于低于现值的概率和预期偏离。

基于这种考虑的话，也许应对 BS 公式进行较大程度的修正。初步的构想是，在现有 BS 定价公式基础上，额外增加一个组成部分，现有的定价公式在短期和常态折溢价率区间占据主导作用，另一部分通过数学方式仅在长期和非常态折溢价率区间才发挥影响力。

在近代物理学历史上，有些相似的例子。对于黑体的辐射，瑞丽—金斯定律很好地描述了黑体在低频（长波长）时的辐射行为，维恩定律很好地描述了黑体在高频（短波长）下的辐射行为。直到普朗克辐射定律的提出和证明后才发现，维恩定律时普朗克定律在高频极限下的近似，而瑞利—金斯定律是普朗克定律在低频极限下的近似。

或许，期权定价的 BS 公式是一个更为科学的计算公式在短时长、正常估值震荡区间的近似呢？当然，由于笔者学识和能力的局限，目前也仅仅能够给出这一初步的设想而已。

资产配置与策略总结

在对可转债和期权进行了必要的策略探讨后，我们进一步考虑资产配置的逻辑。

资产配置，在很大程度上意味着放弃对个股及单个项目回报的追逐，进而寻求在底层逻辑上具有较好胜率和收益率组合的方案。这意味着，配置的过程中不可避免地以一些假设推测为前提，而这些前提假设存在一定的失效风险；资产配置追求的是特定条件下的最优解，但最优解并不代表收益最高或者风险最低的安排，而是根据风险偏好综合权衡后的最可接受方案；不同的配置产品肩负不同的使命，始终有进攻安排和防守考量，长年资产配置的整体年化收益率可能很难达到 25% 以上的水平。

鉴于沪深 300 这类蓝筹指数的成分股选取规则和国际经验，一般认为，经济正常国家的蓝筹指数的内在价值能够常年稳健增长，而其估值水平的波动可以用正态分布或对数正态分布进行很好的统计刻画。前文已经证明，可以将沪深 300 净收益指数（N00300）作为投资的核心"晴雨表"，并基于公允价值稳健增长和折溢价率正态分布波动的观察进行对未来的估测。

而落地到资产配置上，不同的金融产品有其最佳的适用域和应当回避的不适用域。

（1）雪球类产品由于收益存在天花板而风险理论上无限，对于估值高估阶段不适用，对于估值极端低估阶段可能也不适合，最佳的适用域是估值正常阶段。

（2）指数增强类、股票多头类私募产品以及公募基金、FOF 产品中，权益类公募基金的配置比例应随着估值的上升逐步下调，在极端低估值阶段（往往也是市场回撤较大时）要勇于超配，在高估值（往往也是历史业绩非常亮眼的时候）要精于减仓。

（3）中性策略类产品在估值极度高估和极度低估阶段均有较好的配置价值，而在正常估值阶段配置价值则相对不高。刚好可以和雪球产品形成配置互补。

（4）非对称增强、区间指数增强较为适宜于中低估值阶段，但由于对回撤的保护不好，不太适用于高估值阶段。

（5）期货 CTA 策略产品能够带来不同的收益来源，且商品市场行情往往与股票市场行情存在跷跷板效应，有助于提高资产配置组合的安全性，可以适当配置，但由于对其内在规律认识不够，也不能过多配置。

（6）黄金、原油等大宗商品在出现异常行情时，在充分认识工具风险的前提下，可以适当配置。

（7）预期回报相对较低的固收产品应予以充分重视，其核心价值不在于获得回报，而在保持流动性的基础上，落实仓位控制要求。慢就是快，固收产品调节权益类投资仓位的作用和带来的回报，远高于其收益本身。

此外，期权、可转债在特定阶段具有特殊的工具价值，运用好高阶金融工具也是资产配置的重要一环。认购期权（尤其是次季月的超远月认购期权）具有最大风险可控、方向如愿且盈利效率高的特点，更适合在极端底部环境抄底；认沽期权（尤其是虚值期权）比较适合高估值阶段的风险防控，既不会因为市场继续狂飙突进而承担过多亏损，又能够帮助管控估值向均值回归的风险。可转债本质上可以视为一个优质信用债券 +6 年期认购期权的组合，至少在市场估值偏低或正常时，兼具"进可攻"和"退可守"的特点。

基于对各类投向和工具的适用域分析，可以积累形成如表 3-5 所示的投向偏好，以供分析参照。

表 3-5　投向偏好

估值阶段	超低估 （-3X~-2X）	低估 （-2X~-1X）	常态 （-1X~1X）	高估 （1X~2X）	超高估 （2X~）
沪深 300 指数 pr 参考值（%）	49~57	57~65	65~81	81~89	89 以上
股票多头	超配	标配	低配	不配	不配
指数增强	超配	标配	标配	低配	不配
中性策略	标配	低配	不配	标配	超配
雪球	不配	低配	标配	不配	不配
非对称增强	超配	标配	低配	不配	不配
区间指数增强	超配	标配	标配	不配	不配
公募基金及 FOF、基金投顾	超配	标配	低配	低配	不配
可转债	低配	超配	标配	低配	不配
固收	低配	低配	标配	超配	超配
CTA	低配	低配	标配	标配	标配
期权	认购	低配	不配	不配	认沽
黄金、原油	与估值无关，仅在出现重大机遇时适当配置	—	—	—	—

在完成对资产配置的整体思考布局后，我们终于可以对全盘的投资策略进行总结和回顾了。

价值投资不应是一种停留在口头的理念或者导向，它应该是建立在可靠逻辑基础上的系统解决方案。这个方案能够客观地可验证地妥善回答如何进行资产配置和标的交易的问题。

为了证明交易和资产配置的科学性，我们从估值的初心目标出发，通过缜密的数学推导，自定义了一个与市净率、市盈率乘无风险利率等价的折溢价率，即三率平方根，并惊喜地发现其具有两大独特优势：一是本质上与 ROE 不相关；二是与 N00300 指数的折溢价率呈现正态分布。

借鉴杜邦分析法，通过对因子的科学拆解，对于股票、基金给出了新的数学解析思路，并能够帮助我们更好地对未来震荡区间和概率进行判断。同时，基于对历史数据的有效回测，我们给出了在折溢价率正态分布假设下的次优交易模式。

在完成个股和基金分析的基础上，我们提出了一篮子股票的配置方法论和可转债、期权等工具的独特运用机会，并据此提出包括普通权益基金在内的各类金融产品配置参照系。

纵观全书，我们所有的分析推导都建立在逻辑及（或）数据的坚实基础上，除自定义了 pr=SQRT（PB×PE×r）这一分析工具外，给出了如何进行价格投资的原创系统回答，也算是有幸获聘江苏省统计科学研究基地（南通大学）兼职研究员后交出的第一份答卷。

致　谢

谨以此书献给我的外公。外公幼年失怙，青年从军，壮年乐教，晚年乡居。外公一生坚强、教我育我，病逝于阿尔茨海默病手术疗法面世前夕，我很怀念他。

借此机会：衷心感谢周洪生以及沈、姜、喻、张等诸位领导和占德师父一直以来的培养与呵护，三十而立有您、四十不惑也有您；衷心感谢佳文、朱锋、谨君、张亮、惜晨、徐斌、海晶诸位好友多年一贯的信任和支持，因此我才能心有余力完成此项探索；衷心感谢林峰院长、为华教授、长俊博士等通大数学与统计学院专家前辈的指导和帮助，"人生充满了不确定性，而统计学就是研究不确定性的"；衷心感谢顾建、曹琰、谈玮、刘磊等小伙伴和秦天仪、许可、王胡杨、高浩洋、刘泳汕、张天羽等实习生的参与和付出，本书的许多创意都源自切磋交流产生的火花；衷心感谢韦小梅以及物理系、医学院、法学院、南通校友会各位同学校友（含隔壁张师弟）的鼓励与同行，为了能与优秀的你们始终并肩，才催生了此书的付梓。

最后，感谢为此书刊印付出巨大心力的陈晖校友。

曹伟东

2025 年 3 月于晏园